李实忠 梁敏娜 ◎ 著

家事律师和心理咨询师
教您解决婚姻难题

中国法治出版社
CHINA LEGAL PUBLISHING HOUSE

序一

《礼记·大学》中有云:"心正而后身修,身修而后家齐,家齐而后国治,国治而后天下平。"可将其归纳为"正心、修身、齐家、治国、平天下",其中,"正心"可谓之根本。社会发展带来社会矛盾,影响个人家庭。而家庭成员的心理问题处理不好,难免影响家人关系,造成夫妻不和。面对矛盾,没能"正心",不去"修身",则难以"齐家"。

人类文明近万年,各种科学文化、科学技术、科学产品跨越式发展,社会的高速进步、巨大变化,远超古人想象。但是在今天,不论是个人心理问题还是社会心理现象,基本和几千年前的古人没有本质差别。

结婚成家无非满足三大需求:一是情感陪伴需求,相互提供精神寄托,避免一人孤独;二是生理需求,繁衍子嗣,从基因、家族文化以及精神层面延续自己和家族的生命;三是经济需求,比如居住同样地段和面积的房屋,两人供楼或租房比一人更经济实惠。从总体上讲,成家立业多是为了趋利避害,这是人之本性。如果家庭关系处理不好,就容易分崩离析,从而导致家破财散。

我从事律师工作近二十年,专业办理家事案件十多年。多年来,我专门研究心理学,攻读中国人民大学在职硕士,学习了社会心理学等大量心理学知识,考取了中国科学院心理研究所心理咨询师,接受了大量专业的心理咨询实操培训。理论联系实际,我更加确定家庭纠纷本质上是当事人的心理纠纷,而属于法律问题纠纷的,仅占很小一部分。因而,我认为作为专业的家事律师,应该寻根溯源,从家庭纠纷的源头了解和研究夫妻矛盾的本质。将"正心"与"修身"这样关乎塑造人心与人性的问题运用到办案当中,从而更好地解决家庭纠纷及有效适用相关法律。

2020年，我和心理咨询师梁敏娜等人共同出版了《婚姻法律故事：律师和心理咨询师告诉你婚姻里的那点事儿》，该书通过对我们办案生涯中一些案件的改编，让读者感受到触动人心的人生百态婚姻故事，同时也了解到相关的法律规定及专业的心理知识。该书一经面世就取得了众多好评。2021年，该书有幸入选国家新闻出版署《农家书屋重点出版物推荐目录》。

如今，距离这本书出版已过去几个年头，其间，《民法典》颁布实施，我办理的案件也随之依据《民法典》得以解决。思之再三，我和梁敏娜决定再出版一本同类型的图书，主要运用我依据《民法典》办理的案件来改编，基于前书的经验，力求更实用、更深刻、更细腻、更令读者有所感悟。

家庭是社会的基石，是我们身心的港湾和归宿。家庭矛盾处理不好，往小了说不利于个人安居乐业，往大了讲不利于社会安定团结。我们希望，通过本书，能给读者朋友提供一个解决家庭矛盾的法律思路和心理分析，不仅能让大家了解相关法律知识，还能静心自省，看到美好、审视不足，从而实现我们共同的追求：家和万事兴。

当然，鉴于作者水平有限，书中难免有不妥之处，敬请读者朋友批评指正！

最后，我想说，为了写好这本书，我占用了本应陪伴家人的时间，深感愧疚。在此感谢家人的理解、支持和包容。

家事律师、心理咨询师　李实忠
2025年7月

序 二

作为一名心理咨询师，多年来，我接触了很多关于婚姻家庭的心理咨询案例，深深地感受到社会稳定离不开家庭和谐。而构建和谐家庭，心理学的运用亦为"途径"之一。在处理婚姻家庭矛盾时，法律知识能化解纠纷，心理解析则能帮人解开心结，重拾自我。

法律和心理学都是比较专业、枯燥的，一般人不容易从中获得对自己有帮助的知识。虽然目前网络上相关的文章、视频内容很多，但多为单方面零散地介绍相关知识、解答相关问题，将法律和心理咨询放在一起分析婚姻家庭纠纷问题的并不多见。因此，我们才有了这样的机缘，在婚姻法律案例的基础上融合心理学的知识，用深入浅出的方式表达出来，给读者带来更开阔的思维方式。

一般地，我们从法律的视角去看案例，看到的是对或错，合法或非法，但从心理学的角度来看，更多地看到的是人性的弱点、心理的失衡、家庭关系的构建。一个身心健康的人会善待自己以及他人。虽然他们可能很平凡，但是他们会成为照亮世界的温暖之光，让每个人都自在放松，他们的存在本身就是一味治病的良药。

在我们的书中，每个案例中当事人的内心都有不为人知的伤痛。或许，正是那些深藏在心底多年而未被理解的过去，导致了很多为人不齿的行为，比如家暴、出轨、赌博，形成了冷淡、多疑、孤傲的性格。其实，他们的故事，就是普通人的故事，或多或少，每个人都可能从他们身上找到自己或身边人的影子。

不可否认，人在成长过程中，总会经历一些挫折，而每个人的敏感程度和承受能力不一样，累积的痛苦也不一样。通常，这些长年积攒下来的痛苦会让人深陷其中无法自拔，并随之形成一套心理模式。如果不能意识到自己的心理模式，也没有适时地去调整它，那么就会跟随惯性而活着，在结婚成家后，就很容易把心理问题带到婚姻中，甚至传递给子女。

有一句话很简单，但是其意义很深远："唯有爱可以疗愈一切。"如果我们觉得自己活得很苦很累，就要去看看别人世界的真相是什么。我们创作这本书，是真诚地希望大家能通过读别人的故事，感悟自己的人生，理解自己的心理，从中找到共鸣，从而少走一点弯路。曾经有一位朋友看了我们的第一本书后，告诉我，幸亏她在结婚之前看了这样的书，她也终于明白为什么她之前的恋情总是无疾而终。

一段长久的感情，特别是婚姻关系，它的时间、心理、经济成本都是很高的，如果可以先从自我觉醒入手，更多地关注自己是否能健康、平衡、快乐地生活，就会更容易遇到同频共振的人，同时也能更恰当地去选择内心有爱、心里有光的人。

最后，祝福每一个人都能遇到那个让你自在、心安、情绪稳定、身心平衡的人，然后互通真心，白首不离，共筑和谐之家。那样，我们的社会也会变得越来越和谐，越来越美好！

心理咨询师　梁敏娜
2025 年 7 月

目 录

第一章　信任与忠诚，是稳定夫妻关系的基石

婚后吵闹三十年，夫妻感情未破裂　　　　　　　　　　　　／3
夫妻一方有过错，判决离婚要考量　　　　　　　　　　　　／8
老年再婚立遗嘱，相互体谅有保障　　　　　　　　　　　　／15
夫妻虽是同林鸟，相敬如宾保久长　　　　　　　　　　　　／20
为保婚姻和谐与幸福，签忠诚协议"画蛇添足"　　　　　　／26
相互信任少猜疑，夫妻美满情久长　　　　　　　　　　　　／31

第二章　遇见"对的人"，其实不容易

风雨同舟二十载，法院调解化干戈　　　　　　　　　　　　／39
妻子不离智障夫，贪财妹妹费心机　　　　　　　　　　　　／44
丈夫幡然悔悟，挽回妻子真心　　　　　　　　　　　　　　／50
骗子老公欠债不还，妻子离婚逃出深渊　　　　　　　　　　／56
妻子粗心大意，丈夫暗度陈仓　　　　　　　　　　　　　　／61
丈夫甩下妻儿忙出轨，妻子侵权"小三"被判赔　　　　　　／68

第三章　"钱财"虽属身外物，却是婚姻中的重头戏

法学教授闹离婚，未分财产留隐患　　　　　　　　　　　　／77
给付彩礼属于赠与，请求返还有法可依　　　　　　　　　　／82
多年夫妻闹离婚，自建小楼遭分割　　　　　　　　　　　　／89

岳父母支付首付购房，女婿意图侵占未得逞　　　　　　　　　　　／96
丈夫向妻子借钱出具欠条，离婚时妻子有权主张还款　　　　　　　／102
夫妻签订财产协议，财产归属才有保障　　　　　　　　　　　　　／107
离婚财产未厘清，前夫身亡引纠纷　　　　　　　　　　　　　　　／113
口头约定财产归属，未经公证效力难定　　　　　　　　　　　　　／118
离婚协议有效力，约定内容要履行　　　　　　　　　　　　　　　／124

第四章　孩子是婚姻结出的"果实"，应珍视

夫妻争夺抚养权，轮流抚养化纠纷　　　　　　　　　　　　　　　／133
离婚争夺抚养权，八岁儿子说了算　　　　　　　　　　　　　　　／138
婚后孩子非亲生，抚养费用应返还　　　　　　　　　　　　　　　／143
妻子吵架后弃子离开，难争抚养权选择放手　　　　　　　　　　　／148
夫妻离婚分财产，子女保险不可分　　　　　　　　　　　　　　　／154
继子能否得遗产，扶养关系是关键　　　　　　　　　　　　　　　／159
强制执行有期限，超出期间维权难　　　　　　　　　　　　　　　／165

第五章　婚姻乃人生大事，切莫等闲视之

同居生活无保障，男女需要三思行　　　　　　　　　　　　　　　／173
结婚复婚又"假离"，闹剧结束一场空　　　　　　　　　　　　　／179
同居情侣分道扬镳，期间财产如何分配　　　　　　　　　　　　　／184
夫妻安稳感情长，需得携手共奋进　　　　　　　　　　　　　　　／190
生命可贵又有限，莫耗于无望之情　　　　　　　　　　　　　　　／196

第一章

信任与忠诚，是稳定夫妻关系的基石

婚后吵闹三十年，夫妻感情未破裂

 题 记

结婚三十年来经常吵闹，但夫妻不分居，不能认定为夫妻感情破裂。

案情重现

"离婚！这日子我是一天也过不下去了！马上就离！谁不离谁不是人！"

激烈的争吵过后，邓霞①狠狠地摔上了房门。苗军坐在客厅中，看着满地狼藉，深深地叹了口气。

他与邓霞结婚三十年，就这样吵了三十年。

20世纪90年代，两人相识于福建。苗军刚认识邓霞时，见她人长得漂亮，又贤惠能干，对她很有好感。在进一步的相处中，苗军得知了邓霞从前的经历。她陪着丈夫南下打工，可丈夫却在工地上因工程事故不幸去世了。丈夫去世后，只留下了邓霞与年幼的女儿。当时工地老板钻了法律的空子，压根儿没给多少赔偿。可邓霞是个坚强的女人，能吃苦、肯干活，一个人带着女儿继续在福建打拼。

知道邓霞的过去后，苗军对她更加怜爱了。苗军自幼丧父，他作为家中的长子，帮着母亲艰难地把弟弟妹妹抚养长大，他深知一个女人独自抚养孩子的不易。他喜欢邓霞的美丽坚强，不在意她是大众眼里离过一次婚的单亲妈妈，主动对她展开了追求。而邓霞在苗军的强烈攻势下，也难以抗拒地坠

---

① 本书中的人名均为化名，此后不再一一提示。

入了爱河。两人很快就确立了恋爱关系并同居，一年后正式办理了结婚登记手续。

结婚初期，苗军恪守着自己曾经的诺言，对邓霞的女儿视如己出，并多次对邓霞表示会照顾她们母女一辈子。随着日子越过越好，苗军在公司里成了小领导。升职后，工作中难免有应酬。再加上苗军能力强，格外有女人缘，这让家里的邓霞产生了危机感。

邓霞觉得自己是个"二婚女人"，出身农村，只有小学学历，十分自卑和敏感。自从苗军的交际圈子扩大以后，她更是怀疑苗军会喜欢上其他条件更好的女人，抛弃她们母女。于是，邓霞开始变得歇斯底里起来，对任何一个出现在苗军身边的女人都表现出十分强烈的嫉妒心理，逼着苗军将手机里所有异性的联系方式全部删除。如果苗军不愿意，她就会在家里大闹一通，直到苗军妥协为止。

苗军理解邓霞心中的不安全感，为了减少她的怀疑，每次出门前都会向她报备自己的行程。没想到，他的忍让却让邓霞变本加厉，对他的控制欲越发强烈。如果苗军的工作上出现什么突发情况，改变了预定的行程，邓霞就会大哭大闹，指责他与别的女人鬼混。甚至一次苗军不小心摔了一跤，身上沾上了一些泥土与红色的污渍，邓霞就蛮不讲理地痛骂他与"小三"在绿化带里鬼混，红色污渍就是"小三"的口红。苗军被邓霞莫须有的指责气得脸红脖子粗，可他的反应却让邓霞觉得他这是心虚，更加证实了自己的猜测。

长此以往，苗军身边的朋友不论男女都不再与他往来，亲戚也忌惮邓霞的"疯狂"而对他们敬而远之。

苗军再也忍受不了这样的生活，以夫妻关系长期不和、感情破裂为由，向法院提起了离婚诉讼。法院在了解了两人的情况后，对案件展开了审理。法院发现，苗军与邓霞结婚三十年来，虽然一直争吵打闹，甚至偶尔会发展到报警的程度，但两人始终未分居，也没有分床，夫妻生活一直非常稳定。因此，法院认定苗军与邓霞的感情尚未破裂，判决不准予离婚，并告知双方，夫妻之间应该相互尊重、相互关爱，不要相互伤害，要改变原有不合理的沟通方式，提高沟通技巧。

>> 第一章 信任与忠诚，是稳定夫妻关系的基石

律师解答

《民法典》第一千零四十三条第二款规定，夫妻应当互相忠实，互相尊重，互相关爱。这虽然不是强制性规定，但足以体现出我国法律对夫妻关系的态度。男女双方在缔结婚姻关系之后，无论是在法律上，还是感情上，都成为一个难以分割的整体。在一个家庭中，夫妻关系占据主导地位。俗话说，夫妻和睦，一家之福。可见夫妻关系和谐对于整个家庭氛围的塑造都是有重要作用的。男女双方既然已经决定结为夫妻，就代表他们之间存在一定的信任关系。在婚姻中，夫妻应当秉持互相信任、互相尊重的理念，共同经营家庭。

本案中的苗军与邓霞没有经营好夫妻关系，这也导致两人在婚姻中都非常疲惫。邓霞的问题在于疑心病过重，对伴侣缺乏信任感，为了一些细枝末节的小事而怀疑苗军的忠诚，导致与苗军的关系出现裂痕。要改善两人之间的关系，必须首先从邓霞入手。邓霞要转变自己的观念，必要时可以前往心理咨询机构进行心理咨询，加强与苗军的沟通，增强对苗军的信任。而苗军也不能完全不作为，而是需要身体力行地配合邓霞进行心理咨询，展现出作为丈夫对妻子的体贴与关爱。

双方如果想要离婚，不仅可以通过协商的方式到婚姻登记机关办理离婚登记，也可以向法院提起离婚诉讼。当男女一方或双方提起离婚诉讼后，法院只有在确定夫妻感情破裂的情况下，才可能判决准予离婚。夫妻离婚并不是小事，法院会谨慎作出判决。确定夫妻感情破裂，不仅要从夫妻表面的关系入手，还要结合夫妻生活的细节来加以判断。

本案中的苗军与邓霞虽然生活中吵吵闹闹，但两人的夫妻关系实际上处于一种稳定的状态。多年来，两人始终没有分居，而是正常过着夫妻生活，这足以表明两人之间的感情尚有可挽回的余地。法院判决两人不准离婚，也是为了让苗军与邓霞在经过审慎思考后，重新考量二人之间的感情，从而慎重地决定是否要结束这段婚姻。如果在法院判决后，苗军与邓霞仍然坚持要离婚，可以在六个月后重新向法院提起离婚诉讼。

心理解读

◎ **男方剖析**

苗军是一个很有担当的男人。他作为家中长子，父亲早年离世，便非常努力地协助母亲去照顾弟弟妹妹，默默地承担了本该由父亲承担的责任，他的品质和能力就是通过岁月打磨沉淀下来的。他既有父亲的正直和担当，也有母亲的沉着和包容，所以他的事业成功，人际关系良好，亲和力强，深受大家欢迎。

苗军非常心疼自己的母亲，当他遇到邓霞的时候，不仅被她的美貌所吸引，同时更心疼她的经历，他把对母亲的心疼投射到邓霞身上。在他看来，孤儿寡母是最需要被关爱的存在，他想好好守护她们。

苗军是很在意邓霞的，因为他自身的条件不错，不乏追求者，但当他遇到邓霞以后，对她照顾有加，对她的女儿也视如己出。而且，苗军在长期承受邓霞的质疑的情况下，也没有果断离婚，证明他们之间的牵绊很深，也进一步体现出苗军的担当和厚道。苗军的品质是不可多得的，他无条件地包容着女方，因为在他看来，男人就是要无条件地包容自己的家人，给他们最大的安全感。

◎ **女方剖析**

邓霞是一个自卑的人。她觉得自己在农村长大，文化水平不高，身处大城市，身边人会看不起她。她觉得自己没有能力，也不懂得如何自爱，只能依赖别人给予爱和关怀。第一任丈夫意外去世，对邓霞来说是很大的打击。她与苗军结婚后，可以享受体面的生活以及爱和呵护，填补了她内心的空虚感，但同时又陷入了强烈的不安全感。因为他们的背景并不是门当户对的，实力也是不均衡的，只是由于邓霞漂亮，也勤奋、能吃苦、肯干活，愿意持家，加上他们夫妻生活非常和谐，因而使得他们的关系有"张力"。但越有"张力"，越容易陷入"权力斗争"，夫妻之间很容易形成一种互相制约的关系。同时，越是因为夫妻生活而形成的过于亲密的关系，越会加剧内心的不安全感。

◎ 本案总结

婚姻关系的影响因素之一是实力均衡。本案中，男女双方的综合条件看起来是不均衡的，男方拥有比较优越的条件，所以女方会有很大的心理压力，她担心被抛弃。她内心渴望留住男方，却用了极端的手段，导致多年的婚姻危机四伏。婚姻本来可以给人带来归属感、安全感，他们的相处模式却导致他们的家庭支离破碎。

◎ 心灵贴士

夫妻关系的稳定与和谐源于彼此信任。如果为了获得关注，以极端方式制造冲突，用"爱的名义"绑架另一方，反而容易让另一方反感和逃离。反过来，当夫妻一方产生怀疑苗头时，另一方应该给予包容和关心，而非破罐破摔，让疑心越来越重。只有双方都朝着信任的方向努力，婚姻才能稳固。

法律链接

《中华人民共和国民法典》

第一千零四十三条 家庭应当树立优良家风，弘扬家庭美德，重视家庭文明建设。

夫妻应当互相忠实，互相尊重，互相关爱；家庭成员应当敬老爱幼，互相帮助，维护平等、和睦、文明的婚姻家庭关系。

第一千零七十九条 夫妻一方要求离婚的，可以由有关组织进行调解或者直接向人民法院提起离婚诉讼。

人民法院审理离婚案件，应当进行调解；如果感情确已破裂，调解无效的，应当准予离婚。

有下列情形之一，调解无效的，应当准予离婚：

（一）重婚或者与他人同居；

（二）实施家庭暴力或者虐待、遗弃家庭成员；

（三）有赌博、吸毒等恶习屡教不改；

（四）因感情不和分居满二年；

（五）其他导致夫妻感情破裂的情形。

一方被宣告失踪，另一方提起离婚诉讼的，应当准予离婚。

经人民法院判决不准离婚后，双方又分居满一年，一方再次提起离婚诉讼的，应当准予离婚。

《中华人民共和国民事诉讼法》

第一百二十七条　人民法院对下列起诉，分别情形，予以处理：

......

（七）判决不准离婚和调解和好的离婚案件，判决、调解维持收养关系的案件，没有新情况、新理由，原告在六个月内又起诉的，不予受理。

夫妻一方有过错，判决离婚要考量

　　家庭主妇出轨导致离婚，丈夫可得到赔偿，并可多分财产；家庭主妇虽有过错，但因照顾家庭也可得到家务补偿。

案情重现

崔旭与颜蕾是大学同学，两人在一次文艺汇演中相识。崔旭外表高大帅气，颜蕾对他一见钟情，主动展开了追求。而颜蕾长得漂亮，性格也大方，崔旭不知不觉间对她也产生了感情。两人很快确立了恋爱关系，被同学们称作"金童玉女"。大学毕业后，崔旭与颜蕾都决定留在本地找工作。等工作稳定下来后，两人领取了结婚证。婚后，颜蕾辞去了工作，专心照顾家庭。

崔旭是家中长子，父亲早逝，母亲独自将三个子女抚养长大。崔旭对家庭有很强的责任感。颜蕾的父母在她小时候就离婚了，颜蕾跟随父亲，父亲后来再婚了。颜蕾既渴望家庭，又对家庭缺乏安全感。

两人婚后感情很好，婚后第三年有了自己的孩子。可时间长了，颜蕾的内心却不安分起来。崔旭性格内敛稳重，有责任感，但有些死板。而颜蕾性格开朗外向，喜欢和别人打交道，平时经常与朋友出门聚会。颜蕾越发觉得现在这样平淡的日子缺乏刺激，与她预想中的婚姻生活并不一样，便渐渐产生了不满的心理。

在一次朋友聚会中，颜蕾与前男友再会了。虽然已经分手多年，但两人心中仍然记得当初恋爱时的美好。在酒精的催动下，颜蕾忍不住迈出了禁忌的一步。事后回想起此事，她感到十分后悔。她知道，崔旭这样的人不会容忍她在婚姻中的背叛。然而，随着她与崔旭之间的矛盾越来越多，她与前男友之间的感情也死灰复燃。颜蕾常常背着崔旭悄悄与前男友见面，这段不道德的关系维持了很长一段时间。

可"纸终究包不住火"，崔旭还是发现了颜蕾的不忠。他对此气愤难忍，将自己得到的证据摆在颜蕾面前与她对质。颜蕾发现事情败露，一瞬间既后悔又害怕，哭着求崔旭原谅她，并保证自己会与前男友断绝关系。面对妻子的眼泪，崔旭并没有心软，坚持要求离婚。两人在争执间互相拉扯了几下，崔旭没有控制住自己的力气，将颜蕾推倒在地。这件事后，崔旭认为颜蕾出轨有错，而颜蕾认为崔旭对她家暴，两人都计划离婚。

矛盾发生后，颜蕾便从家中搬了出去，两人的孩子则留给崔旭照顾。两人分居期间，颜蕾从未回家看望过孩子。后来，颜蕾向法院提起了离婚诉讼，表明崔旭对她实施了家庭暴力，把孩子藏起来不让她见面，并向法院请求由自己直接抚养两人的孩子。此外，她在照顾家庭方面尽到了更多的责任，要求崔旭对她进行补偿。提起诉讼后，颜蕾为了能让自己的主张得到法院支持，决定趁孩子放学时抢先一步将孩子接走。她的意图被崔旭识破，两人的矛盾因此更深了。

离婚诉讼开庭后，崔旭将自己收集到的颜蕾出轨的证据提交给了法院，表示颜蕾婚内出轨，属于过错方，应当向他支付损害赔偿，并且应少分夫妻共同财产。此外，崔旭还主张，颜蕾的婚内出轨行为证明她在道德上存在瑕疵，对孩子的成长有害，孩子应当由自己直接抚养。

法院经审理，认为颜蕾婚内出轨的情况属实，在婚姻中存在过错。与崔旭分居期间，她从未看望过孩子，孩子一直与崔旭一起生活，已经习惯了父亲的照顾，如果贸然改变孩子的生活环境，对孩子的成长不利。因此，法院最终判决两人的孩子由崔旭直接抚养，颜蕾每月支付抚养费；因颜蕾为过错方，夫妻共同财产按照崔旭60%、颜蕾40%的比例划分，颜蕾需要向崔旭支付精神损害赔偿；因颜蕾婚后辞去工作照顾家庭较多，崔旭需要向颜蕾支付家务补偿。

律师解答

我国法律倡导夫妻双方应当互相忠诚、互相尊重、互相爱护，共同构建和谐美满的家庭环境。如果夫妻一方违背了忠实义务，在婚内出轨、与他人同居的，离婚时很可能被认定为过错方，需要承担相应的法律责任。

首先，在《民法典》第一千零九十一条规定的重婚、与他人同居、实施家庭暴力，虐待、遗弃家庭成员或者有其他重大过错的情况下，没有过错的一方可以向有过错的一方要求离婚损害赔偿。根据《最高人民法院关于适用〈中华人民共和国民法典〉婚姻家庭编的解释（一）》第八十六条的规定，这一损害赔偿既包括物质损害赔偿，也包括精神损害赔偿。需要注意的是，离婚损害赔偿以离婚为前提条件，夫妻双方并未离婚的，不得提出损害赔偿请求。如果夫妻双方向法院起诉离婚，法院最终判决二人不准离婚，无过错方提出的离婚损害赔偿请求无法得到法院的支持。

本案中，颜蕾为了追求一时的刺激，背叛了丈夫崔旭，与他人发展了不正当的婚外情关系，违背了她在婚姻中应当履行的忠诚义务，属于过错方。同时，崔旭与颜蕾虽然发生过争执，并且在争执中动手，这是不对的，但他的行为远远达不到家庭暴力的程度，不属于婚姻中的过错表现。因此，崔旭向她主张离婚损害赔偿是合情合理的。

其次，在分割夫妻共同财产时，也会因为一方有过错而有所倾斜，以此达到补偿无过错方的目的。根据《民法典》第一千零八十七条第一款的规定，离婚时，夫妻双方对共同财产的分割无法达成一致的，由人民法院根据财产的具体情况，按照无过错方权益的原则判决。本案中，崔旭是无过错方，而颜蕾是过错方，法院在对夫妻共同财产的分割问题作出判决时，应依据法律规定对崔旭予以多分。

除此之外，《民法典》第一千零八十八条还规定了离婚经济补偿制度，《最高人民法院关于适用〈中华人民共和国民法典〉婚姻家庭编的解释（二）》第二十一条对其作了进一步规定。该制度旨在维护"家庭主妇""家庭主夫"的权利。对于此类人群来说，他们在婚姻中往往没有工作，全心全意地照顾家庭。当离婚后，他们的资源以及社会关系是远远不及另一方的。离婚经济补偿制度可以帮助他们在离婚后更快地融入社会，恢复正常的工作与生活。本案中的颜蕾在结婚后便辞掉了工作，在照顾家庭上所尽到的义务比较多。虽然她是过错方，但这并不影响她请求家务补偿的权利。因此，崔旭应当依法对颜蕾作出一定的补偿。

而在孩子的抚养问题上，根据《民法典》第一千零八十四条第三款的规定，人民法院在对抚养权问题作出判决时，要遵循最有利于未成年子女的原则。在夫妻闹离婚分居期间，暂时确定子女抚养权事宜时，也应遵循这个原则。颜蕾与崔旭分居后，一直没有去看望孩子。孩子一直由崔旭独自照料，其已经习惯了与父亲在一起生活，此时，如果突然让孩子回到母亲身边，很可能会让孩子无法适应新的生活环境，导致出现心理问题。在这种情况下，让崔旭直接抚养孩子对其成长更为有利。

当一对情侣办理结婚登记手续后步入婚姻，他们之间的关系就得到了法律的承认，同时也受到法律的约束。夫妻之间的权利义务关系不再仅属于道德的范畴，而且受法律的规制。如果夫妻违背法律所规定的义务，在离婚时就很可能要承担相应的法律后果，如支付损害赔偿、少分夫妻共同财产等。

心理解读

◎ **男方剖析**

崔旭是一个有责任心、对婚姻保守而忠贞的男人。其父亲早逝，他在单亲家庭长大，又是长子，他看到母亲辛苦操劳，含辛茹苦抚养三个儿女，心疼母亲的不容易，慢慢成长为一名负责的好男人。他对妻子忠诚，恪守作为丈夫该尽的职责。他心疼妻子从小的遭遇，想给她安稳的生活。他在外为了事业打拼，努力把妻子和孩子的生活照顾好，这就是他所能给予爱的方式。

崔旭个性内敛传统，在妻子看来是一个尽职的好丈夫，但缺乏情趣，更不能满足她多元的需求。当得知妻子有外遇时，崔旭非常愤怒，马上找到妻子对质，但当妻子和他发生冲突离家出走后，他开始冷静下来，着手安顿家里的一切事务，包括孩子的抚养。虽然崔旭不是一个有情趣的人，但他情绪稳定、有担当。他尽量把夫妻关系破裂的伤害降到最低，尽可能减少对身边的人，特别是对幼小的孩子造成的负面影响。

◎ **女方剖析**

颜蕾的心性不稳定，心理上缺乏成长。她的父母很早离婚，其跟随父亲进入重组家庭，对家庭缺乏安全感。颜蕾的原生家庭导致其渴望安稳的生活，因此，她才会选择毕业后不久就和男友结婚。颜蕾的社交圈很小，没有太多的人生阅历，虽然是身为母亲的人，但她的心智没有真正成熟，还停留在期待被看见、被照顾、被呵护、被重视的孩童模式里。她一方面渴望稳定的生活，另一方面向往"不平淡""刺激的情趣"，希望更多人来宠爱、在意自己。这样的她注定会陷入不同的感情漩涡里。她会经历不同的感情，在这些感情里去体验跌宕起伏的人生。颜蕾也知道她的行为是在"玩火"，但她就是控制不了自己焦躁、不安分的心。

◎ **本案总结**

一段关系的和谐最重要的是彼此都在意对方，而且都愿意在这段关系中成长。没有完美的人，也没有完美的关系，只有彼此愿意为对方多着想，才有可能一起长久地走下去。现实中，我们要和一个人在一起生活，就要接纳真实的他或她。

其实颜蕾只是想找到一个能满足她愿望的人，或者说她只想在男方身上寻找缺失的父爱和被宠爱的感觉，那个人是不是崔旭都无关紧要。这并不是成熟的世界观和婚姻观。当男方不可能满足她所有的期待时，她就会觉得很

>> 第一章　信任与忠诚，是稳定夫妻关系的基石

空虚，就像一个得不到心爱娃娃的小女孩，会向外寻求自己想要的感觉，最终亲手破坏了她本想维系的婚姻。

◎心灵贴士

想要有一段稳定、和谐的感情，除了感觉，还需要多沟通，分析彼此的心智模式、沟通方式、金钱观、婚姻观、育儿观等是不是吻合。婚姻是一场深刻的修行，夫妻同在一条船上，犹如逆水行舟，不进则退，只有夫妻同心、同频协力，互为彼此的臂膀和后盾，才能让这条船在人生的航道上乘风破浪、稳稳远航。

法律链接

《中华人民共和国民法典》

第一千零八十四条　……

离婚后，不满两周岁的子女，以由母亲直接抚养为原则。已满两周岁的子女，父母双方对抚养问题协议不成的，由人民法院根据双方的具体情况，按照最有利于未成年子女的原则判决。子女已满八周岁的，应当尊重其真实意愿。

第一千零八十七条　离婚时，夫妻的共同财产由双方协议处理；协议不成的，由人民法院根据财产的具体情况，按照照顾子女、女方和无过错方权益的原则判决。

……

第一千零八十八条　夫妻一方因抚育子女、照料老年人、协助另一方工作等负担较多义务的，离婚时有权向另一方请求补偿，另一方应当给予补偿。具体办法由双方协议；协议不成的，由人民法院判决。

第一千零九十一条　有下列情形之一，导致离婚的，无过错方有权请求损害赔偿：

（一）重婚；

（二）与他人同居；

（三）实施家庭暴力；

（四）虐待、遗弃家庭成员；

（五）有其他重大过错。

《最高人民法院关于适用〈中华人民共和国民法典〉婚姻家庭编的解释（一）》

第八十六条　民法典第一千零九十一条规定的"损害赔偿"，包括物质损害赔偿和精神损害赔偿。涉及精神损害赔偿的，适用《最高人民法院关于确定民事侵权精神损害赔偿责任若干问题的解释》的有关规定。

第八十七条　承担民法典第一千零九十一条规定的损害赔偿责任的主体，为离婚诉讼当事人中无过错方的配偶。

人民法院判决不准离婚的案件，对于当事人基于民法典第一千零九十一条提出的损害赔偿请求，不予支持。

在婚姻关系存续期间，当事人不起诉离婚而单独依据民法典第一千零九十一条提起损害赔偿请求的，人民法院不予受理。

《最高人民法院关于适用〈中华人民共和国民法典〉婚姻家庭编的解释（二）》

第十三条　夫妻分居期间，一方或者其近亲属等抢夺、藏匿未成年子女，致使另一方无法履行监护职责，另一方请求行为人承担民事责任的，人民法院可以参照适用民法典第一千零八十四条关于离婚后子女抚养的有关规定，暂时确定未成年子女的抚养事宜，并明确暂时直接抚养未成年子女一方有协助另一方履行监护职责的义务。

第二十一条　离婚诉讼中，夫妻一方有证据证明在婚姻关系存续期间因抚育子女、照料老年人、协助另一方工作等负担较多义务，依据民法典第一千零八十八条规定请求另一方给予补偿的，人民法院可以综合考虑负担相应义务投入的时间、精力和对双方的影响以及给付方负担能力、当地居民人均可支配收入等因素，确定补偿数额。

>> 第一章 信任与忠诚，是稳定夫妻关系的基石

老年再婚立遗嘱，相互体谅有保障

题 记

老人再婚，很可能出现财产纠纷，立好遗嘱可以减少纠纷。

案情重现

孙启通过相亲与妻子相识。妻子是一个温柔而贤惠的人，自从两人结婚以后，她便主动承担起全部的家务，将孙启的生活照顾得井井有条。孙启工作比较忙，妻子的体贴能干就是他最有力的后盾，支撑着他在外拼搏奋斗。

孙启与妻子共生育了三个孩子，分别是大儿子孙强、二女儿孙霞和小女儿孙菲。时光飞逝，连年龄最小的孙菲都有了自己的家庭，从家中搬出，留下了孙启和妻子两位老人生活。后来，妻子因病去世。几十年来，孙启对妻子有着相濡以沫的感情，妻子的去世对他打击非常大，整日闷闷不乐，情绪也因此变得不稳定。

在妻子几十年如一日的照料下，孙启几乎从来没有为生活琐事操过心。妻子过世后，孩子们才发现孙启的生活能力很差，再加上此时的孙启也已经70岁高龄了，难免时有病痛，无法很好地照顾自己。子女们私下一合计，决定代替母亲承担照顾父亲的责任。

子女们原本是轮流将孙启接到家中照料，可是孙启脾气倔，性子又直，自己的子女了解他的脾气，可儿媳或女婿却与他相处不来，常常发生矛盾。孙启自己也觉得不自在，没过多久就闹着要回家，谁劝都不听。子女们没办

法，只能将孙启送回家里，又商量着轮流搬去与父亲一起住。可是子女们都有自己的工作，对孙启在生活上常有照顾不周的情况。每当这时，孙启就会像个老小孩儿一样闹脾气，和子女们吵架。之后，兄妹之间就会互相埋怨，让大家心力交瘁。

这时，大哥孙强站了出来："这样下去不是办法，不光咱爸闹情绪，我们自己的生活也受影响。要不然我们给爸找个保姆，全天照顾爸的生活，这样就不怕照顾不周了！"

听了他的话，二妹孙霞和小妹孙菲都表示赞成。于是，三人进行了分工，由孙强负责打听保姆的情况，孙霞和孙菲负责做孙启的工作。很快，孙启在两个女儿的轮番说服下，同意了找保姆的提议。而孙强也联系到了孙启从前的老战友，老战友表示自己的妹妹郝燕早年丧夫，生活困难，正想找个活儿干。双方一拍即合，很快就决定由郝燕来当孙启的保姆。

郝燕为人老实本分，手脚也麻利。她来了以后，将孙启照顾得无微不至，不仅子女们对她感到很满意，孙启本人也十分信任她。平时除了照顾孙启，郝燕还经常陪他一起外出遛弯儿，两人逐渐有了很多共同话题，在情感上也慢慢靠近。时间一长，孙启对郝燕既喜欢又依赖，同时也担心她突然辞职离开。思来想去，他想到了一个主意，那就是和郝燕结婚，通过稳定的婚姻关系将郝燕留在身边。

孙启郑重地向郝燕表白了心意。郝燕有点害羞，也没有很快答应，而是说出了自己的担忧："孙大哥，我并不是不愿意。你看，你比我要大十几岁，说句不好听的，将来说不定要提前离开。咱们两个这么大岁数，结婚本来就招人闲话，要是孩子们不同意咱俩的事，将来你走了，我就更难在这个家待下去了。"

听了郝燕的话，孙启觉得有道理。于是，他便将自己的决定告诉了子女们。子女们觉得，老来伴是件好事，父亲身边能有人照顾，他们也安心。取得子女的同意后，孙启为了打消郝燕的后顾之忧，还主动立下了一份遗嘱，将自己现在居住的房屋留给郝燕继承，并在大儿子孙强的陪伴下进行了遗嘱公证。

见孙启如此有诚意，郝燕十分感动，同意了孙启的求婚。于是，两位老人在子女们的见证下，举行了一个低调又浪漫的婚礼。在之后的日子里，他们相互搀扶，平凡并快乐地共度余生。

律师解答

凡是有合法财产的自然人，都可以通过遗嘱的方式来分配死后的遗产。根据法律的规定，自然人可以通过多种方式来立遗嘱，如自书遗嘱、代书遗嘱、打印遗嘱、录音录像遗嘱、口头遗嘱等。只要遗嘱的内容以及立遗嘱的程序符合法律的规定，该遗嘱就是具有法律效力的。以适用较为广泛的自书遗嘱为例，根据《民法典》第一千一百三十四条的规定，自然人立自书遗嘱，应当注意以下两个问题：第一，自书遗嘱应当由遗嘱人亲笔书写；第二，自书遗嘱中应当有遗嘱人的签名以及立遗嘱的具体日期。如果自书遗嘱缺乏以上两个要素，就很难判断该遗嘱是否为遗嘱人的真实意思表示，从而不具有法律上的效力。

根据《民法典》第一千一百三十九条的规定，公证遗嘱由遗嘱人经公证机构办理。公证后的遗嘱与未经公证的遗嘱相比，有以下几个优点：第一，可以确保立遗嘱的程序以及遗嘱的内容符合法律规定，保证遗嘱的有效性；第二，经过公证的遗嘱在公证机构备案，可以防止遗嘱内容被他人篡改；第三，公证遗嘱有利于保障遗嘱人与继承人的权利，避免继承遗产时出现纠纷。

同时需要注意的是，遗嘱人应当是具有完全民事行为能力的人，限制民事行为能力人与无民事行为能力人所立的遗嘱是没有法律效力的。根据《民法典》第一千一百四十三条第一款以及《最高人民法院关于适用〈中华人民共和国民法典〉继承编的解释（一）》第二十八条的规定，未成年人以及不能辨认、控制自己行为的成年人，所立的遗嘱都无法被法律承认。即使其本人后来具有了完全民事行为能力，遗嘱也是无效的。对于那些因年老患病而神志不清的老人来说，他们在神志不清时所立的遗嘱同样是无效的。

本案中，孙启与郝燕两位老人在晚年喜结连理，互相扶持，郝燕为孙启提供生活上的照顾，孙启为郝燕提供年老后的居所，共同走过最后的人生阶段，这是值得祝福的。我们也鼓励老年人去追求自己的幸福。但是，老年人在追求幸福时，还可能会遇到儿女的阻挠，或产生财产纠纷。孙启是幸运的，子女们都支持他的决定。而对于财产问题，他也在和郝燕进行协商的基础上，找到了一个令众人满意的解决之策。他们的经历对于有着同样困扰的老年人来说，具有一定的启示作用。

心理解读

◎男方剖析

孙启是一个重感情而又富有个性的人。他已步入老年，与妻子感情深厚，无奈妻子离世后，他一个人很孤独，也不太会照顾自己的日常生活。子女虽想轮流照顾，但他也有自己的习惯和喜好，所以在子女家里住不了多久就想回自己的家。

孙启是一个害怕孤独、容易依赖他人的人。郝燕对他无微不至的照顾，很容易让他得到满足，并对她产生依赖。因此，他对郝燕动了感情，很想和她在一起，他害怕郝燕有一天会找到更好的工作而离开，自己一个人孤独地度过晚年。他需要陪伴、关心，郝燕可以给他这样的感觉，所以他就很想长久地和郝燕生活在一起，即和她结婚。

在跟郝燕结婚这件事上，虽然孙启首先想到的是让对方好好照顾和陪伴自己，有点儿自私，但他也是开明的、懂人心的。他主动立下遗嘱并公证，将房屋留给郝燕继承，足见其真诚。并且，孙启的子女们也很善良、真诚，他们没有怀疑郝燕和父亲结婚是觊觎房产，也知道父亲需要爱与陪伴，而他们有各自的事业、家庭，不能给予老父亲真正的陪伴，所以顺水推舟，欣然同意父亲的婚事。子女们的做事风格，侧面体现了孙启的家庭和谐、家风之正。

◎女方剖析

郝燕前半生的生活是坎坷、贫穷的，当她遇到孙启这样的人，会感恩，会尽可能地照顾好孙启。更重要的是，郝燕是一个有信念、有爱、善良的人，她始终相信"赠人玫瑰,手有余香"。她认为默默地做好自己的本职工作,男方家族才会愿意接纳她成为一家人。

◎ **本案总结**

本案真正体现了老有所依、老有所养、老有所爱。男方是幸福的,他有深爱、陪伴他大半生的老伴儿,有关心、爱护他的子女,也遇到了愿意陪伴他度过晚年、真心为他着想的郝燕,他的心愿皆能达成,这是很有福报的事情。女方的前半生坎坷、困难,但她在后半生遇到了孙启一家,也算是找到了幸福的归宿,让人欣慰。在这里,愿每一个人都能拥有自己想要的生活,愿我们都能保有正直、善良,幸福一生,安然到老。

◎ **心灵贴士**

老年人已然步入了人生最后的阶段,他们害怕孤独,有可能会特别依赖子女和家人。而作为儿女的我们,人到中年,忙忙碌碌,很多时候没法时常陪伴父母。所以,我们要有开阔的胸怀,既然无法给予父母充分的陪伴,如果他们在生活中遇到真心喜欢又愿意相伴的人,那就成全他们。

我们要用心去感受父母的需求,这样,就能给予真正适合他们的爱与陪伴。每一个生命都需要被看见、被呵护,而我们多去关注和询问他们真实的想法,尽可能地尊重他们的意愿,就是对他们最好的守护。

法律链接

《中华人民共和国民法典》

第一千一百三十三条 自然人可以依照本法规定立遗嘱处分个人财产,并可以指定遗嘱执行人。

自然人可以立遗嘱将个人财产指定由法定继承人中的一人或者数人继承。

自然人可以立遗嘱将个人财产赠与国家、集体或者法定继承人以外的组织、个人。

自然人可以依法设立遗嘱信托。

第一千一百三十四条 自书遗嘱由遗嘱人亲笔书写,签名,注明年、月、日。

第一千一百三十九条　公证遗嘱由遗嘱人经公证机构办理。

第一千一百四十三条　无民事行为能力人或者限制民事行为能力人所立的遗嘱无效。

遗嘱必须表示遗嘱人的真实意思，受欺诈、胁迫所立的遗嘱无效。

伪造的遗嘱无效。

遗嘱被篡改的，篡改的内容无效。

《最高人民法院关于适用〈中华人民共和国民法典〉继承编的解释（一）》

第二十八条　遗嘱人立遗嘱时必须具有完全民事行为能力。无民事行为能力人或者限制民事行为能力人所立的遗嘱，即使其本人后来具有完全民事行为能力，仍属无效遗嘱。遗嘱人立遗嘱时具有完全民事行为能力，后来成为无民事行为能力人或者限制民事行为能力人的，不影响遗嘱的效力。

夫妻虽是同林鸟，相敬如宾保久长

> **题　记**
>
> 无证据证明宅基地上的房屋是婚后夫妻共同建设的，离婚时也难以分割。

 **案情重现**

在饭店的包间中，李薇终于见到了分居许久的丈夫魏达。

李薇仍然对丈夫心怀爱意，她眼中噙着眼泪，抱着最后一丝希望问道："咱们就不能好好过日子吗？你一定要和我离婚吗？"

面对妻子的眼泪，魏达表现得格外冷漠。他的语气中几乎没有感情："我

>> 第一章 信任与忠诚，是稳定夫妻关系的基石

已经准备向法院起诉了，你记得收一下传票。"

话一说完，魏达便毫无留恋地离开了。李薇孤零零地坐在宽敞的包间内，桌上摆放着她专门为魏达点的他爱吃的菜。她看着一口没动的菜，忍不住低声哭泣起来，想不通自己和魏达之间怎么会变成现在这样。

十二年前，李薇与魏达相识于一场饭局。在饭局上，李薇落落大方，侃侃而谈，魏达对她直率果断的性格一见钟情，主动对她展开了追求。随着对魏达的了解越来越深，李薇发现他虽然在思想上还有些不成熟，但为人真诚热情，对她一心一意，便同意当他的女朋友。两人恋爱期间，感情逐渐升温，李薇对魏达的感情从最初的好感也变成了浓烈的爱意。待两人的关系彻底稳定后，互相见了对方的家长。双方家长都觉得这对小情侣十分般配，两人结婚的事项也正式提上日程。

结婚以后，感情正好的夫妻俩很快就有了第一个孩子。大女儿出生后没几年，二女儿也出生了。虽然结婚多年，但魏达一直对李薇有求必应，两人之间的感情也因孩子的到来而更加坚固。在事业上，李薇一直给魏达提供最有力的支撑。魏达从小学习唢呐，技巧高超，在当地小有名气。可是他不懂人情往来，虽然有技艺，却不知该如何推销自己。李薇看准当前自媒体盛行，便做主为魏达创立了一个自媒体账号，在账号上发布魏达吹奏唢呐的视频。在李薇的不懈努力下，本就技术过硬的魏达充分发挥出自己的才能，很快就打响了名号。渐渐地，魏达不仅得到了许多表演的机会，还收了几个徒弟，成立了自己的团队，在事业上一帆风顺。

成功后的魏达并没有忘记这一切都归功于自己身后的女人，对李薇更加言听计从，遇到任何问题都会找她商量。而李薇也心甘情愿地帮持着丈夫，在生活与工作上事无巨细地关心、照顾着魏达，简直将他当成了孩子。然而，魏达步入了中年，年轻时的很多想法有了变化，再加上他如今事业有成，见身边的其他男人在家里都说一不二，逐渐对大事小情都要管的妻子产生了微词。而李薇一心为了家庭，对丈夫的这些心思毫无察觉，依然尽着作为妻子的本分。

魏达心中的不满逐渐累积，对李薇的态度也越来越冷淡，开始不愿意回

家,几次夜不归宿。李薇对丈夫的转变无法接受,甚至怀疑他有了婚外情。她反思起自己婚后对魏达的态度,多次想要挽回这段婚姻。可魏达的心早已不在她身上,一心只想离婚。他干脆从家里搬出去一个人住,并向法院提起了离婚诉讼。在法庭上,李薇当庭表示自己还深爱着丈夫,不能接受离婚的结果。法院在经过审理后,也认为二人的感情尚未完全破裂,作出了不准离婚的判决。

法院的判决并不能改变魏达离婚的决心。他不仅没有搬回去住,甚至还拒绝与李薇见面,铁了心要结束这段让他窒息的婚姻。直到一年后,魏达再次向法院提起了离婚诉讼。李薇明白,丈夫的心已经无法挽回了。她只好接受了离婚的结果,但提出两个女儿要由自己直接抚养,并分割目前居住的宅基地上的房屋。

法院经过审理,查明了相关事实。李薇与魏达的两个女儿一直由李薇照料,姐妹之间的感情非常深厚,如果骤然分开,对正值青春期的她们会造成不好的心理影响。而宅基地使用权登记在魏达父亲名下,房屋虽然在两人婚后修缮,但李薇并不能提供夫妻出资参与修缮的证据。法院建议李薇先撤回分割宅基地上房屋的申请,等日后有其他证据了再另行起诉。李薇接受了法院的建议。最终,法院判决李薇与魏达离婚,由李薇直接抚养两个女儿,魏达则每个月给每个女儿1500元的抚养费,直到她们成年。

律师解答

在很多情况下,当夫妻要离婚时,往往会因为一时的气愤情绪而作出不理智的决定。在这种情况下,为了最大限度地维护夫妻双方的权利,令其更加理智思考,法院在审理离婚案件时,应当先进行调解。一些夫妻在调解中能够达成共识,从而通过更为温和的方式解决纠纷,不至于对簿公堂。如果调解无效且夫妻感情确已破裂,就不能强求夫妻二人继续在一起生活,法院应当作出准予离婚的判决。

如果在第一次离婚诉讼中,法院认定为夫妻双方的感情尚未完全破裂,判决不准予离婚,夫妻一方或双方仍然可以再次向法院提起离婚诉讼。但是,为了给双方充足的考虑时间，《民事诉讼法》第一百二十七条第七项规定，判决不准离婚和调解和好的离婚案件，没有新情况、新理由，原告在六个月内再次起诉的，人民法院不予受理。

在本案中，魏达在第一次提起离婚诉讼后，法院判决不准予离婚。判决作出后，魏达不仅没有回心转意，反而不再与李薇见面，这表明他对李薇已经不再有感情。即使李薇仍然心存眷恋，但这段婚姻即使维持下去也已经无法为双方带来幸福。因此，在魏达一年后提起的第二次离婚诉讼中，法院作出了准予离婚的判决。

夫妻在离婚时，应当对夫妻共同财产进行分割。对于离婚时不确定是否为夫妻共同财产的部分，夫妻一方在离婚后发现新证据，能证明该部分财产为夫妻共同财产的，同样可以另行提起诉讼，要求对该财产进行分割。需要注意的是，这项诉讼权利受到三年诉讼时效的限制。在本案中，李薇在离婚时，无法提供证据证明她对宅基地上的房屋享有权利，该房屋无法被认定为夫妻共同财产。在这种情况下，李薇可以在离婚后继续收集证据，并在有充足证据的情况下，在三年内向法院提起分割该宅基地上房屋的诉讼。

夫妻既是共同体，又是两个独立的个体，既需要互帮互助，共同经营家庭，又需要尊重对方的个人空间与人格。本案中的李薇与魏达在结婚初期，感情令人艳羡，而最终却走向了离婚的结局。这与李薇事无巨细地关心、管着魏达的态度是脱不开关系的。虽然李薇是出于关心和爱，但这样的关心无疑让魏达感到不自由、被束缚。如果李薇对魏达予以适度的关心，而魏达对李薇的心情多一分理解与感谢，两人的结局就很可能不一样了。

心理解读

◎**男方剖析**

魏达是一个在结婚后才逐渐成熟的人。他的妻子很能干，无论是在事业上还是家庭生活上，都把他照顾得无微不至。结婚后前几年，两个人感情还不错，他没有觉察到这样的模式有什么不好，也乐意被妻子照顾，享受被宠溺的感觉。但他们之间的相处模式都是女方无微不至地照顾他，更像是母亲对孩子，而不是妻子对丈夫。

结婚多年后，魏达人到中年，事业也越来越顺利，他的圈子层次也越来越高，会看到不同家庭有不同的相处之道，从而导致他对亲密关系品质的追求也越来越高。当发现妻子已经不能满足他的需求时，他就会对妻子越来越疏离，直到对她不再有感情，下定决心要离婚。

◎女方剖析

对于丈夫而言，在夫妻关系中，他们需要妻子像母亲一样照顾他们的起居；需要妻子有女性的柔美气息，满足他们尊严；偶尔还想要妻子有孩子气的一面，让他们觉得家是很有趣的地方。而本案中，李薇活在自己的世界里，她的做法过于传统和单一，这也表明她缺乏安全感，所以才会为丈夫事无巨细地付出，她以为自己为丈夫做的就是他想要的，却没有想到自己的付出换来的是丈夫的逐渐疏离。

◎本案总结

从心理学的角度来看，男人和女人的相处模式并不是单一的。在本案中，李薇长期处于一个单一的状态，她充当了魏达"母亲"的角色。一开始，她可以用这样的方式笼络魏达，魏达也可以享受被照顾的福利，但这样的关系不能满足人多样化的需求。多年后，魏达成长了，而李薇一如既往，他就会觉得李薇很单一、无趣、压抑，剥夺了他的自主权，让他没有自由。长此以往，就会导致婚姻关系的破裂。

男女之间因对感情抱有共同的美好期待或者出于对家庭归属感的需求走在一起，这样的感觉可以让双方在三到五年内形成比较稳定的家庭关系。但长久的关系建立在双方共同成长的基础上，如果一方成长，另一方原地踏步，很可能破坏关系的平衡性。

◎心灵贴士

人与人相处是一门艺术，共同成长且实力均衡的感情会让双方都得到滋养，成为更好的自己。

当然，无论我们多努力，都不可能让所有人满意，也不可能确保每一段感情都是持久稳定的。分分合合是世间常态，也是人之常情，我们只需努力地成长，尽情地绽放，做好自己就好。当我们拥有的时候，就用心去爱，尽力了也无法继续走下去就认真地照顾好自己。只有学会了更客观地看待人与事，才能更容易从伤痛中走出来，放下过去，一步一步往前进。

法律链接

《中华人民共和国民法典》

第一千零七十九条 夫妻一方要求离婚的，可以由有关组织进行调解或者直接向人民法院提起离婚诉讼。

人民法院审理离婚案件，应当进行调解；如果感情确已破裂，调解无效的，应当准予离婚。

有下列情形之一，调解无效的，应当准予离婚：

（一）重婚或者与他人同居；

（二）实施家庭暴力或者虐待、遗弃家庭成员；

（三）有赌博、吸毒等恶习屡教不改；

（四）因感情不和分居满二年；

（五）其他导致夫妻感情破裂的情形。

一方被宣告失踪，另一方提起离婚诉讼的，应当准予离婚。

经人民法院判决不准离婚后，双方又分居满一年，一方再次提起离婚诉讼的，应当准予离婚。

《中华人民共和国民事诉讼法》

第一百二十七条 人民法院对下列起诉，分别情形，予以处理：

……

（七）判决不准离婚和调解和好的离婚案件，判决、调解维持收养关系的案件，没有新情况、新理由，原告在六个月内又起诉的，不予受理。

《最高人民法院关于适用〈中华人民共和国民法典〉婚姻家庭编的解释（一）》

第八十三条 离婚后，一方以尚有夫妻共同财产未处理为由向人民法院起诉请求分割的，经审查该财产确属离婚时未涉及的夫妻共同财产，人民法院应当依法予以分割。

第八十四条　当事人依据民法典第一千零九十二条的规定向人民法院提起诉讼，请求再次分割夫妻共同财产的诉讼时效期间为三年，从当事人发现之日起计算。

为保婚姻和谐与幸福，签忠诚协议"画蛇添足"

题 记

夫妻订立的忠诚协议、出轨赔偿协议等，离婚时，很可能会被法院认定为无效。

案情重现

一阵激烈的争吵过后，客厅中一片狼藉，苏青青红着眼睛坐在沙发上，而昔日恩爱的丈夫彭朗此时正像对待仇人一样看着她。苏青青愤恨地对着丈夫大喊："你可别忘了，咱们签了协议，你要是出轨，就得净身出户！"

对于她的话，彭朗不为所动："当初本来就是你逼我签的协议，内容我根本就不认可！你要是想离婚就尽管离，反正我和你也过不下去了！"说完，彭朗拉着收拾好的行李箱，头也不回地离开了这个他与苏青青共同生活了五年的家。

苏青青与彭朗两家是邻居，他们两人从小就认识，小学、初中、高中，一路走来一直是同学，相互之间有着青梅竹马的深厚情谊。苏青青从小就长得粉雕玉琢、人见人爱，而彭朗也逐渐长成高大帅气的小伙子。两家的家长早就在苏青青和彭朗小的时候为他们定下了"娃娃亲"，而两人也并没有辜负双方家长的期望，在大学时确定了恋爱关系，成为一对人人称羡的"金童玉女"。

>> 第一章 信任与忠诚，是稳定夫妻关系的基石

虽然不在一个城市上大学，但两人的感情一直很稳定。苏青青大学毕业后，在当地找到了一份不错的工作，决定留下来发展。而彭朗知道这件事后，更是决定追随苏青青，来到她所在的城市找工作。在工作正式确定以后，彭朗在一众友人的见证下，向苏青青求了婚。面对单膝下跪、手捧戒指的恋人，苏青青感动得泪流满面，毫不犹豫地答应了彭朗的求婚。情意正浓的两人不久后领取了结婚证，并举办了一场温馨而浪漫的婚礼。

结婚后，彭朗在职场上也如鱼得水，很受领导的重视。由于他个性稳重，人也长得英俊，非常受单位里其他年轻女性的喜欢。苏青青因此产生了危机感，甚至到了神经质的地步。每次彭朗出门，她总要盘问他的去向，生怕他和其他女人不清不楚。

苏青青的危机感在孩子出生后到达了顶峰。自从怀孕以后，她原本玲珑有致的身材走了形，清秀漂亮的面容在照顾孩子的辛劳中也变得憔悴疲惫。苏青青担心自己对彭朗的吸引力大打折扣，从而使彭朗被其他年轻漂亮的女孩抢走。只要一有风吹草动，她就要疑神疑鬼，无理取闹，怀疑彭朗在外面有了其他人。如果心里不痛快，她还会将彭朗从卧室赶出去，让他晚上只能睡在客厅沙发上。虽然彭朗再三保证自己会对苏青青一心一意，但她还是整天胡思乱想，甚至撒泼打滚地逼着彭朗签了"忠诚协议"，承诺只要出轨就净身出户，还要向她进行赔偿。

在苏青青长年累月的无理取闹中，彭朗终于对这样病态的家庭关系感到了厌烦。在一次出差中，他认识了温柔且善解人意的许雯。随着与许雯的接触，彭朗越来越觉得与苏青青相比，许雯才是更适合自己的人。他逐渐地忘记了自己身为丈夫与父亲的责任，与许雯确立了恋爱关系。

敏锐的苏青青很快就发现彭朗变心了，大吵大闹，指责他终于暴露出了本性，是一个不折不扣的"渣男"。对于离婚的结果，彭朗早已经有了思想准备。但令他没想到的是，苏青青将这件事闹得尽人皆知，不光告诉了双方父母，还闹到了他的单位，声称要让他身败名裂。因为这件事，单位对彭朗进行了处分，同事们也都对他敬而远之。彭朗终于忍无可忍，与苏青青大吵一架后，负气从家中搬走。

苏青青向法院提起了离婚诉讼，要求彭朗按照"忠诚协议"的约定净身出户，并对她进行赔偿。彭朗当庭对"忠诚协议"的内容反悔，表示当初是为了安抚苏青青才签订这个"忠诚协议"，并不能表达他的真实意愿。法院经过审理后，最终判决两人离婚，孩子由苏青青直接抚养，彭朗每月向孩子支付抚养费，直至孩子成年。两人的夫妻共同财产按照平均分配的原则进行分割，同时彭朗需要因其过错向苏青青支付三万元离婚损害赔偿。对于苏青青的其他诉讼请求，法院依法予以驳回。

律师解答

本案的争议焦点主要在于"忠诚协议"是否具有法律效力，以"忠诚协议"为基础的诉讼请求究竟能否得到法院的支持。

我国法律虽然对夫妻之间的忠诚义务有倡导性的规定，但并没有明确表明是否支持"忠诚协议"。所谓的"忠诚协议"，大多是夫妻一方为了表明对另一方的心意而签订的，其所具有的是维系夫妻之间感情的特殊作用，并不能完全表达当事人的真实想法和意愿。并且，协议在性质上属于合同的范畴，但"忠诚协议"所约束的是另一方的自由，具有人身属性，与合同所具有的财产属性相悖。

此外，《民法典》第一千零八十七条第一款和第一千零九十一条第一项和第三项将夫妻一方违背忠实义务重婚或与他人同居规定为过错情形，并对无过错方的损害赔偿请求权作出了明确规定。如果再认定夫妻之间签订的"忠诚协议"有效，难免会存在重复惩罚的情况。因此，从立法的目的以及指向上来看，我国法律对"忠诚协议"的态度是相对消极的。如果夫妻双方根据"忠诚协议"的约定要求对方进行赔偿，很难完全得到法院的支持。

在本案中，彭朗在签订"忠诚协议"时，他的心理状态更多的是偏向于妥协，是为了安抚苏青青的情绪以及维持婚姻的稳定，并不能代表他完全认同该协议中的内容，他在诉讼中对"忠诚协议"反悔的行为也有所体现。彭朗虽然违背了忠实义务，与他人发展出了不道德的婚外情关系，但他已经就此向苏青青支付了三万元的离婚损害赔偿，受到了一定的惩罚。因此，法院并没有支持苏青青的诉讼请求,这也变相地表明了法院对该"忠诚协议"持否定态度。

从《民法典》第一千零四十三条和《最高人民法院关于适用〈中华人民共和国民法典〉婚姻家庭编的解释(一)》可以看出,虽然夫妻之间互负忠诚义务是明确规定的,但这一规定所起到的作用更多的是倡导而不是强制性的。如果当事人认为另一方违背了忠实义务,并且单纯以此为依据提起诉讼要求赔偿,将无法得到法院的支持。

在实际生活中,夫妻之间互相履行的忠诚义务所依赖的是对对方的爱以及对家庭的责任感,而不是薄薄的一纸协议。所谓的"忠诚协议"除了为当事人提供心灵上的抚慰外,并没有太多实际的作用。维系夫妻之间的和谐与团结,双方需要共同努力,不仅要关爱、理解对方,更要加强双方之间的沟通,为对方提供充足的安全感。在本案中,苏青青对婚姻的破裂固然有责任,但彭朗同样需要思考其在婚姻中究竟是否为妻子提供了足够的情感支持。

心理解读

◎男方剖析

彭朗与他的妻子之间并没有很深的联结,他并不是因为"深爱"才结婚,而是因为他们恋爱了很多年。所以当妻子怀孕后表现出来没有安全感,彭朗也不知道如何安抚她。可以说,彭朗看到妻子的一系列表现,没有感受到这是对他的紧张在意,反而觉得妻子的情绪波动很大,让他很烦躁。

彭朗条件优越,所以他的工作生活都是很平顺的,他的选择空间很大,当他觉得妻子的行为不可理喻,就不想再为此投入感情,很自然地转移注意力,去寻觅新的感情。而这一切的源头,也许是彭朗并不是很爱他的妻子。

◎女方剖析

苏青青的内心非常自卑,所以她总是觉得很没有安全感。在她看来,丈夫很优秀,她就非常担心丈夫会移情别恋。其实她真的不懂人性。一个人是否出轨,与他是否优秀无关,担忧没有实际意义。从心理学的角度来看,苏青青越是担忧,越会在潜意识里散发出负面信号,这样的负面信号会直接或间接影响到丈夫的心理。慢慢地,丈夫也会被影响,推动他往不好的方向发展。也就是"你越担忧，我越反感"。

并且，因为担忧，苏青青每天都活在恐惧里，导致她的内在意识反映出来就很"戏剧化"。她的情绪非常不稳定，总是在试探丈夫是否在意自己，她浑然不知自己的行为其实就是在挑衅。因为没有人愿意被测试，这就像被迫玩一个自己不喜欢的游戏，最终会引发不满、抵触、反感甚至愤怒。

◎ **本案总结**

人与人之间没有高低贵贱之分，只有合适或不合适。本案中，男方在潜意识里虽然没有那么深爱女方，但他们还是具备一定的感情基础的。而由于女方的自卑，一步一步地把多年培养的感情消磨殆尽。其实，女方并不了解男性心理，实际上有很多男性会对女性有情绪感到无所适从，不知道如何安慰她们，觉得很无助、挫败。如果男方不是很爱女方，就很可能因此感到厌烦，甚至选择逃避。

当然，现实生活中也有很多男性做得很好，虽然不懂得如何去处理女性的负面情绪，但他们愿意多花时间去陪伴她，给予她更多安全感，或者愿意咨询专业人士如何协助其度过情绪低落期，更好地恢复自信。如果本案中的男方是这样的人，那他与妻子之间的关系就会因为生活中的磨合而产生更深的联结，感情定能升华到新的高度。

◎ **心灵贴士**

自我成长永远是关键话题，因为没有人可以无条件地接纳我们的喜怒哀乐，只有自我救赎、自我平衡才是正确的方向。自己成长了才能更有安全感和归属感，才能和他人建立平等和谐的关系。当自己无法平衡负面情绪，又影响工作、生活、伴侣感情的时候，就要学会找到新的发泄不良情绪的方式。如果自己觉得快要失去控制了，则需要及时寻找专业人士给予协助。

法律链接

《中华人民共和国民法典》

第一千零四十三条 家庭应当树立优良家风，弘扬家庭美德，重视家庭文明建设。

>> 第一章 信任与忠诚，是稳定夫妻关系的基石

夫妻应当互相忠实，互相尊重，互相关爱；家庭成员应当敬老爱幼，互相帮助，维护平等、和睦、文明的婚姻家庭关系。

第一千零八十七条 离婚时，夫妻的共同财产由双方协议处理；协议不成的，由人民法院根据财产的具体情况，按照照顾子女、女方和无过错方权益的原则判决。

……

第一千零九十一条 有下列情形之一，导致离婚的，无过错方有权请求损害赔偿：

（一）重婚；

（二）与他人同居；

（三）实施家庭暴力；

（四）虐待、遗弃家庭成员；

（五）有其他重大过错。

《最高人民法院关于适用〈中华人民共和国民法典〉婚姻家庭编的解释（一）》

第四条 当事人仅以民法典第一千零四十三条为依据提起诉讼的，人民法院不予受理；已经受理的，裁定驳回起诉。

相互信任少猜疑，夫妻美满情久长

题 记

丈夫怀疑孩子不是亲生的，起诉离婚并申请亲子鉴定，结果化解了夫妻误会。

📽 案情重现

手机铃声响了几声后，愁眉不展的陈文耀接起了电话。听到对方打电话的来意后，他脸上的表情变化了几次，最终在忐忑不安中挂断了电话。

电话对面是法医鉴定中心的工作人员，打电话来是为了告诉陈文耀，前段时间法院委托的亲子鉴定结果已经出来了。听到这个消息后，陈文耀深深舒了口气，他心中悬了十多年的大石终于能够落下，而儿子陈睿的身世之谜也终于要揭晓了。

二十几年前，当时的陈文耀已经年近三十，但婚姻大事仍然没有着落。不光家里人催得紧，他自己心中也非常着急。工友见陈文耀每天为了结婚的事情唉声叹气，便将自己同样没有结婚的表妹毕洁介绍给了他。

初次见面后，两人对对方的印象都还不错。毕洁与陈文耀一样，都被家里催着结婚。毕洁听表哥说，陈文耀虽然不爱说话，但是非常勤劳踏实，是他们工地上最能干的小伙子，她对陈文耀增加了不少好感。而陈文耀只想着能快点结婚生子，见毕洁待人接物比较大方，对她也很满意。又见了几次面后，两人就正式确定了恋爱关系，开始了以结婚为前提的交往。

家里人得知陈文耀谈了女朋友后，便更为频繁地催促他早日定下来。于是，陈文耀与毕洁恋爱仅数月，便到民政局领了证，结为了夫妻。婚后一年，毕洁生下了两人的大儿子。陈文耀既有了老婆又有了儿子，觉得自己的生活总算有了盼头。

可随着结婚的时间越来越长，陈文耀却发现，婚前几个月的交往并不足以让他完全了解毕洁的为人。毕洁脾气火暴，常常因生活琐事与陈文耀吵架，生气发怒时打砸家里的东西是常有的事。陈文耀每天起早贪黑，挣的是辛苦钱，见不得毕洁这样浪费，总要唠叨她几句。可他一唠叨，毕洁的火气就更大了，两人动不动就吵得脸红脖子粗，有时甚至还要亲戚朋友来劝和。长此以往，两人之间的夫妻感情自然受到了影响，关系也越来越疏远。

在此期间，毕洁发现自己又怀孕了，并在九个月后生下了二儿子陈睿。眼见二儿子出生，陈文耀心中对妻子的隔阂有所动摇，开始修复与毕洁之间

>> 第一章 信任与忠诚，是稳定夫妻关系的基石

的关系。然而，就在陈睿八岁那年，有个朋友不经意地提到，他以前认识毕洁，当时毕洁的男女关系很混乱，好像谈过好几个男朋友。说者无意，听者有心，陈文耀越想越觉得心里不是滋味儿。他回想起来，曾经也有亲戚提起过，觉得陈睿长得跟他和毕洁都不像。陈文耀原本并没有把这话当一回事儿，可此时结合朋友的说法，他不受控制地起了疑心。

陈文耀想到，毕洁怀上陈睿时，他和毕洁的关系正处于冰点，说不准就是那个时候她红杏出墙、珠胎暗结，让他当了替别人养儿子的"冤大头"。他越想越觉得自己的猜测是对的，对待毕洁时自然态度冷淡。可他毕竟没有证据，只能继续与毕洁凑合着过日子。毕洁察觉到了陈文耀对她态度的转变，虽然不知道是因为什么，但气不打一处来，与陈文耀吵架吵得更频繁了，两人之间的关系越来越差。当怒气无处发泄的时候，毕洁就会对两个儿子说陈文耀的坏话，导致儿子与陈文耀之间的关系也很紧张。

两个儿子成家立业后从家里搬了出去，家里只剩下"相看两生厌"的夫妻俩。在又一次激烈的争吵过后，陈文耀从家中搬了出去。这一出去就是三年。

分居三年间，有不少亲友前来劝和，甚至毕洁也低了头，但陈文耀铁了心要离婚。他向法院提起了离婚诉讼，并在起诉状中特别强调陈睿并非他的亲生骨肉，请求法院进行亲子鉴定。

法院受理陈文耀的诉讼请求后，委托当地的法医鉴定中心对陈文耀与陈睿的亲子关系进行鉴定，鉴定结果显示陈文耀为陈睿的生物学父亲。得知这一结果后，陈文耀心中多年的疑惑终于得到了解答，他这才知道自己十几年来对妻子的猜疑竟然全是错误的。心中的放松与愧疚一同袭来，他想要离婚的念头顿时消失了大半。

毕洁愿意继续维持婚姻，而陈文耀也并未反对。法院以夫妻二人感情并未完全破裂、尚有修复的可能为由，判决二人不准离婚。陈文耀平静地接受了法院的判决，与吵吵闹闹了半辈子的妻子重归于好。

律师解答

根据《民法典》第一千零七十三条的规定，对亲子关系有异议时，可以

向法院请求确认亲子关系的主体只有父或母，以及成年后的子女本人。如果是其他主体，如祖父母、外祖父母等，不能向法院提出相关请求。同时需要注意的是，请求确认或否认亲子关系的，应当有正当理由。

同时，根据《最高人民法院关于适用〈中华人民共和国民法典〉婚姻家庭编的解释（一）》第三十九条的规定，在请求确认或否认亲子关系时，如果请求方提供了证据，被请求方没有证据反驳，又不配合做亲子鉴定，就推定请求方的主张成立。

此外，需要明确的是，对于想确认或否认亲子关系的人来说，如果其自行去鉴定机构做亲子鉴定，那该鉴定结果属于个人隐私，仅供当事人参考使用。诉讼过程中所进行的亲子鉴定，属于司法鉴定，具有法律效力。

在本案中，陈文耀认为二儿子陈睿并非其亲生，在提起离婚诉讼的同时向法院请求否认亲子关系，并申请进行亲子关系鉴定。然而，亲子鉴定的结果恰恰证明了陈睿与陈文耀之间的父子血缘，二人之间的亲子关系成立。在这个问题上，陈文耀的处理方式是十分不明智的。与毕洁做夫妻二十多年间，他明明有无数机会向毕洁确认陈睿的身世，也可以采取偷偷进行亲子鉴定等不伤害他人感情的方式来确认亲子关系，但他却没有这么做，而是不断地猜忌枕边人，导致夫妻关系越发恶化。

心理解读

◎男方剖析

陈文耀属于比较传统的男人，其性格比较木讷，感情经历少，不太懂得如何与异性相处。到了适婚年龄被催婚，就相亲结婚；结婚后他对婚姻生活有自己的想法，但因为不知道如何更好地表达自己的需求，而且女方也是很有个性的人，难免会产生很多摩擦。就是因为那些看起来不大不小的摩擦，让夫妻之间的感情越来越拧巴。

陈文耀不仅不善言辞，性格也很固执，从亲子鉴定这个事情上，就可以看出其有多执拗。他明明可以私下去做亲子鉴定，却非要等起诉了才申请去做。这可以看出他不仅在意孩子是不是自己的，还非常在意是非对错，对于他来说，事情的真相对错比其他任何事情都重要。这样的性格是很容易引发矛盾的，毕竟没有完美的人，每个人的个性都有这样或者那样的不足，需要彼此谅解、包容。而且对于陈文耀夫妻来说，他们本来也是为了满足家人的期待而相亲并很快结婚，没有长久的感情积累，婚后的相处就更需要耐心沟通和包容理解，才能维持婚姻的和平稳定。

◎**女方剖析**

毕洁的性格火暴，她在意丈夫，又不懂得用丈夫喜欢的方式去表达自己的情感，总是很别扭，这样就会引发很多摩擦。她动不动就发脾气，破坏性极强，这让陈文耀觉得很没有面子。

陈文耀工作很辛苦，挣钱也不容易，毕洁经常闹脾气摔坏家里的东西，这就会让他觉得妻子在故意和他作对，根本不体谅自己的辛苦，是不会过日子的女人，久而久之，夫妻之间的隔阂就越来越大。就是因为隔阂很大，所以陈文耀才会听信别人的一面之词，猜疑妻子出轨生下小儿子，一意孤行地提出离婚。上述这些发生的原因，是与毕洁的性格分不开的。

◎**本案总结**

古往今来，夫妻闹矛盾的原因层出不穷，有的夫妻是没有感情又不得不生活在一起，心里的苦闷无法倾诉，很容易吵架；而有的夫妻在意对方，却不懂正确表达自己的感情，形成良性的互动，同时也想测试对方是否真的在意自己，所以就会用引发矛盾的方式来证明关系的紧密度。毕洁和陈文耀的伴侣关系属于后者，他们吵吵闹闹二十多年，后来又分居三年，陈文耀又很不信任毕洁，吵着要给儿子做亲子鉴定，动静闹得这么大，还能和好继续过日子，就应了一句俗语："若无相欠，怎会相见。"就是因为他们彼此还是在意对方，才会一而再、再而三地争吵后又妥协，这样的牵绊也只有当事人才能理解其中的奥妙。

其实，有感情基础的伴侣和为了结婚而结婚的伴侣的相处方式是不一样的，有感情基础的伴侣虽然也可能吵吵闹闹，但还是会彼此关心，关系不会很冷淡，但如果夫妻之间本来就是为了结婚而结婚，他们反而会采取"冷处理"的相处方式，如把对方视作透明，各过各的日子。

◎ **心灵贴士**

夫妻之间的相处是不容易的，每个人都有自己的个性，而且每个人的生活习惯都经过岁月沉淀，不易改变。两个人组成家庭后，需要多沟通，将心比心，慢慢地互相适应对方的生活习惯，和谐共处。

除了生活习惯以外，夫妻双方最重要的是兼顾彼此的情感需求，因为家是安全感之所在，是爱的港湾，当我们更多地关心伴侣的情感需求时，与伴侣的关系就会越来越稳固。只要心里有爱就不会计较得失，哪怕发生一点小误会、小摩擦，也会迎刃而解。

法律链接

《中华人民共和国民法典》

第一千零七十三条 对亲子关系有异议且有正当理由的，父或者母可以向人民法院提起诉讼，请求确认或者否认亲子关系。

对亲子关系有异议且有正当理由的，成年子女可以向人民法院提起诉讼，请求确认亲子关系。

《最高人民法院关于适用〈中华人民共和国民法典〉婚姻家庭编的解释（一）》

第三十九条 父或者母向人民法院起诉请求否认亲子关系，并已提供必要证据予以证明，另一方没有相反证据又拒绝做亲子鉴定的，人民法院可以认定否认亲子关系一方的主张成立。

父或者母以及成年子女起诉请求确认亲子关系，并提供必要证据予以证明，另一方没有相反证据又拒绝做亲子鉴定的，人民法院可以认定确认亲子关系一方的主张成立。

第二章

遇见"对的人"，
其实不容易

风雨同舟二十载，法院调解化干戈

题 记

中年夫妻闹离婚，在法院调解下，二人冷静沟通、心灵交汇，最终破镜重圆。

案情重现

古卉大学毕业还不到三年，大学同学邀请她去参加婚礼。听到这个消息，古卉衷心地为老同学感到高兴，痛快地答应了她的邀约。

婚礼当天，古卉精心地打扮了一番，来到了婚礼地点。婚礼结束后，同学神秘兮兮地对她说道："听说你还没有男朋友，我给你介绍一个怎么样？我老公有个大学同学，名校毕业，人品也很好，人就在现场，你要不要见一见？"

听了同学的话，古卉愉快地表示接受。就在见到同学口中的对象后，古卉当场愣在了原地。眼前的人并不陌生，竟然是她曾经的老同学邹奇。邹奇见到古卉后也很惊讶，两人从小学到初中都是同学，曾经关系还很不错。如今久别重逢，两人当即交换了联系方式，并约好以后多联系。

在之后的联系中，古卉对邹奇的现状有了更多的了解。两人住的地方离得不远，休息时经常约着吃饭。在日复一日的相处中，两人之间擦出了爱的火花。在一个月明星稀的夜晚，邹奇向古卉告白，而古卉也幸福地接受了，两人正式确立恋爱关系。

此时的古卉参加工作时间不长，而邹奇仍然在读研究生，两人的生活都不富裕，但心中充满着对对方的爱意，也自得其乐。在邹奇读书期间，古卉经常给他提供金钱上的支持，让他能够专心学习。邹奇毕业以后，古卉也忙前忙后，用自己工作几年的经验来帮助他找工作。邹奇嘴上没说，但心里对她很感激，生活中吃的、用的都优先留给她。

工作稳定下来后，邹奇便向古卉求了婚。古卉念在邹奇的家境一般，并没有在结婚的程序上提太多要求。两人既没有买房，也没有买车，只是在领证以后简单地办了个酒席。两人婚后的生活过得知足且幸福，古卉觉得这就是嫁给爱情的样子。

古卉与邹奇两人都是要强的性格，婚后为了家庭都在事业上专心奋斗。古卉既主内又主外，不仅将家里打理得井井有条，在职场上更是风生水起。婚后没几年，两人的女儿出生了。有了女儿以后，古卉更是为家庭付出了自己所有的心血，不仅要照顾女儿，还要在事业上支持丈夫。在两人的不断努力下，家里的经济状况逐渐有了起色，他们在同一个小区购买了两套住房，一套自己住，另一套将来留给女儿。

然而，随着时间流逝，生活中的矛盾却变得越来越多。古卉在单位是领导，性格雷厉风行、说一不二，这样的处事风格难免被她带到家里，而邹奇在单位习惯了被人追捧，回到家中却被古卉管着，心里总是不痛快，经常与古卉吵架。

后来，邹奇动了再生一个孩子的念头，想着以后能给女儿做个伴。但古卉已经年逾四十，想再生一个孩子谈何容易。虽然尝试过备孕，但最终的结果并不尽如人意。为此，邹奇与古卉之间的矛盾进一步升级。

两人的女儿上了高中后，课业变得越来越繁重。古卉每天不仅要操心工作上的事情，还要操心女儿的学习，身心俱疲，在家里的情绪便不太好。原本恩爱和睦的两夫妻到了中年却变得针锋相对，谁也不愿意让着谁。在日复一日的争吵中，邹奇觉得这段婚姻让他感到越来越累。他搬到了另一套房屋独自居住了一段时间，经过思考后，在没有告诉古卉的情况下直接向法院提起了离婚诉讼。

古卉收到法院传票后，才知道相伴了二十多年的丈夫这次竟然是铁了心要和她离婚，心中既震惊又难过。她打起精神，没有将这件事情告诉还有不

>> 第二章 遇见"对的人",其实不容易

到一年就要参加高考的女儿,独自面对即将到来的诉讼。法院对他们的案子先进行了调解,在调解过程中,古卉回想起这些年来走过的风风雨雨,表达了自己不愿意离婚的想法。

听了古卉动情的阐述后,邹奇也颇为动容。他想到刚结婚时,自己与古卉携手相伴,共同渡过生活中的难关,虽然日子过得清贫,却十分知足。况且,女儿这段时间因父母闹离婚,每天都郁郁寡欢,原本优异的成绩也有了下滑的趋势。在法官的积极调解下,邹奇最终决定撤回离婚起诉,与古卉重归于好。

律师解答

根据《民法典》第一千零七十九条的规定,一般来说,当夫妻提起离婚诉讼时,法院不能直接作出准予离婚或不准离婚的判决,而应当先进行调解。俗话说,"宁拆十座庙,不毁一桩婚"。这句话体现出我国自古以来对维系婚姻的美好期待。一部分夫妻在提起离婚诉讼时,并没有审慎地考量,只是因一时的冲突、矛盾而作出冲动的决定。在这种情况下,如果法官予以调解,这些夫妻是很有可能破镜重圆的。法律这样规定,一方面是为了维持婚姻的稳定;另一方面是可以让那些坚决要离婚的夫妻能够以一种更为温和的方式来解决矛盾。如果调解无效,法院也不能武断地判定夫妻之间感情已然破裂,而是要结合具体事实与夫妻之间的表现,根据法律的规定作出判定。如果能够确认夫妻之间感情确已破裂,法院应当判决准予双方离婚。

在本案中,古卉与邹奇共同生活了二十多年,感情基础是很深厚的。二人所产生的矛盾大多是因为生活琐事与短时间之内所承受的压力,并非不可调和。只要二人之间加强沟通、互相理解,是有很大概率和好如初的。更何况,他们之间还有情感的纽带——两人的女儿。如果两人离婚,必然会伤害到女儿的感情,更会影响到女儿的学业。通过调解,能够帮助两人分析离婚的利弊,促使两人冷静地进行沟通,从而作出更加理智的决定,避免一时冲动导致原本美满的家庭走向破裂。

古卉与邹奇从恋爱到结婚,共同走过了风风雨雨,渡过了无数难关,两

人之间的感情本应越来越坚定，却缺乏沟通和谅解导致矛盾重重。古卉作为妻子，虽然在事业和家庭上都运筹帷幄，却因控制不好情绪给最亲密的人造成了伤害。而邹奇作为丈夫，没有及时体谅妻子的不易，帮助妻子疏导不良情绪，而是固执己见、不愿让步，让两人的关系越来越僵。当邹奇撤诉后，夫妻二人都应当反思自己在婚姻中的不足，并加以改正，将婚姻经营得更好，为女儿营造更为和谐的家庭氛围。

心理解读

◎男方剖析

邹奇是一个善良的男人。恋爱后，女方总是为他着想，心疼他经济不宽裕，默默地支持他，让他很感动。毕业后，女方又协助他找工作，为他铺桥搭路，所以他有什么吃的、用的都会优先留给她。在工作稳定后，他第一时间求婚，想好好地照顾女方一辈子。

同时，邹奇也是一个性格耿直的人，而且遇到女方之前也没有多少感情经历，他其实不懂女人的心思，也不懂如何哄女人。他是不够成熟的，享受女方的呵护，却不理解女方的内心想法。他只是一味地觉得女方的性格越来越强势、暴躁，以至于无法相处。

此外，邹奇也不擅长操持家务，妻子既主内又主外，在点滴生活中感受不到邹奇对她的关心和爱护，便觉得万般委屈，而此时，邹奇不成熟的性格导致他不能很好地处理这些事情，也没有想到可以向专业人士学习如何关心女方。所以他们夫妻之间的关系一直没有得到正确的疏导，反而越来越紧张。

◎女方剖析

古卉本质是很大气的女人，她和男方在一起后，看到男方读研究生经济也不宽裕，就经常在自己为数不多的工资里腾一点儿出来支持他，让他安心读书。结婚的时候，女方也是考虑到男方家境一般，不想增加男方家人的压力，没有要求买房买车，只是简单办了个酒席。

古卉又是一个非常强势且具有掌控性的女人。她里里外外"一把手"，作风过于强势，让丈夫觉得在家里没有用武之地，又觉得被掌控，难免有些不快。并且，由于来自工作和孩子的压力太大，古卉容易焦虑，情绪也越发暴躁。她把情绪发泄在丈夫身上，导致二人经常吵架，家庭氛围的压抑，最终导致丈夫的"逃离"。

古卉虽然性格强势，但不得不承认，她是一个能屈能伸的人，也是在大是大非面前能保持冷静头脑并处事得当之人。面对丈夫的离婚诉讼，作为被告的她沉着冷静，背着女儿担下一切，用动情的阐述唤醒了丈夫对过去的回忆，令人感叹，也令人佩服。

◎ **本案总结**

从本案来看，男女双方的感情很深，从小就认识，毕业后又重逢，两个人彼此呵护、同舟共济、心心相印，他们之间有很多美好的回忆，共同缔造了深厚的感情。本来深厚的爱情却在彼此的争吵中慢慢磨灭，差点就到分崩离析的地步。

所以，无论夫妻之间曾经有多深的感情、多少感人的岁月，都不能有任何的懈怠。在经营婚姻的过程中，要懂得夫妻相处之道。男性和女性的心理需求有所不同，男性更在意的是伴侣是否给予他足够的尊重，而女性更需要安全感，要确保伴侣爱她，不会离开她。

◎ **心灵贴士**

夫妻之间的感情好比"存款"，在双方感情好的时候"多存钱"，有矛盾的时候才"有钱可以取出来"。而且"花钱容易存钱很难"，如果我们不善于经营感情，只管"取钱"不刻意"存钱"，那我们的感情账户很容易变成负资产，关系就会岌岌可危。

法律链接

《中华人民共和国民法典》

第一千零七十九条 夫妻一方要求离婚的，可以由有关组织进行调解或者直接向人民法院提起离婚诉讼。

人民法院审理离婚案件，应当进行调解；如果感情确已破裂，调解无效的，应当准予离婚。

有下列情形之一，调解无效的，应当准予离婚：

（一）重婚或者与他人同居；

（二）实施家庭暴力或者虐待、遗弃家庭成员；

（三）有赌博、吸毒等恶习屡教不改；

（四）因感情不和分居满二年；

（五）其他导致夫妻感情破裂的情形。

一方被宣告失踪，另一方提起离婚诉讼的，应当准予离婚。

经人民法院判决不准离婚后，双方又分居满一年，一方再次提起离婚诉讼的，应当准予离婚。

妻子不离智障夫，贪财妹妹费心机

> **题 记**
>
> 有权申请撤销婚姻或者确认婚姻无效的主体，法律有明确规定。

案情重现

在一个风和日丽的午后，蔡娟与丁志家的房门被敲响。

正在做家务的蔡娟连忙停下手中的活，小跑到门边打开房门。门外站着的是丁志的妹妹丁蕊，她平时很少与蔡娟一家往来，此时却面色不善地站在门口，来势汹汹。蔡娟在围裙上擦了一下手，有些局促地笑着招呼道："是小蕊啊，快进来坐！"

丁蕊毫不客气地走进屋内，坐在沙发上说："嫂子，我就不和你兜圈子了，你现在还不离开这个家，假模假样地伺候一个傻子，就是图那几套房吧！

我早晚让我哥和你离婚,让你净身出户!"

撂下这番话后,丁蕊便头也不回地离开了。蔡娟心里既委屈,又难过,她想到自己那神志不清的丈夫丁志,多年来的积怨化成泪水无声地流下。

二十年前,蔡娟还是某山区农村一个贫穷人家的女儿。经过亲友的介绍,公公婆婆带着厚礼来到她家,表明想要结亲的心愿。两位老人身份体面,家里条件也好,承诺蔡娟如果嫁过去,一旦生下孩子,立刻就可以办理杭州的城市户口,以后还能继承他们的四套房屋,从此过上好日子。面对这样丰厚的条件,虽然不相信这样的好事会落在他们头上,但蔡娟还是抱着希望与丁志见了面。

刚见面时,丁志沉默寡言,不爱说话。蔡娟以为他只是性格温吞,老实厚道,并没有看出什么异样。而蔡娟的父母为丁家优渥的条件所动,当场就定下了女儿与丁志的婚事。不到一周时间,蔡娟就与丁志在民政局登记结了婚。

结婚后,蔡娟才发现丁志脾气古怪,经常无缘无故地发脾气,有时甚至还会不分青红皂白地打人。不发脾气的时候,丁志时常会连续昏睡好几天,除了上厕所和喝水以外几乎从不清醒,连饭都不吃。除此以外,丁志还很抗拒与蔡娟进行性生活,这也导致两人结婚多年始终没有孩子。

丁志的情况随着时间的推移越来越严重。蔡娟屡次怀疑他精神有问题,但每次和公公婆婆说起此事,都被他们二人指责忘恩负义,还会威胁要将她送回村里。蔡娟本来就比较胆小怕事,如今独自一人嫁到杭州,更是无依无靠,根本不敢反抗公婆。

直到有一天,丁志再次出现极度异常的情况。他将自己的衣服全部脱光,挥舞着菜刀在街上到处乱跑,警察接到报警后将他送回了家。蔡娟这下终于确定了丁志患有精神疾病的事实,鼓起勇气再一次与公婆进行了"谈判"。公婆见事情瞒不下去了,这才将真相和盘托出。

原来,丁志出生后,婆婆便做了绝育手术,并出现了后遗症,此后都无法再生育。丁志在成长过程中,逐渐出现了与其他孩子不一样的地方,智力发育极其缓慢,精神状态也时好时坏。为了有人能在以后照顾丁志,公婆在他十岁那年收养了没有血缘关系、身体健康且聪明的丁蕊。可是丁蕊越长大就越嫌弃丁志，与公婆的关系也不好。公婆担心丁志以后没有依靠，这才做主让丁志娶了蔡娟，好生下一儿半女来照顾丁志。

听了公婆的话，蔡娟十分震惊，她这才明白为什么当初公婆愿意提出那么丰厚的条件。可是如今看丁志的情况，想和他生孩子简直是不可能的事，蔡娟将自己与丁志婚后的情况如实告诉了公婆，公婆这才意识到问题的严重性。眼看让儿子有个后代已经是不可能的事情，于是，公婆表示，只要蔡娟肯照顾丁志到百年，那他们在杭州的四套房屋将来都是蔡娟的。对此，公婆立下遗嘱，并到公证处进行了公证。遗嘱中写明了将四套房屋留给丁志一人继承，并承诺如果丁志先于公婆去世，这四套房屋将在公婆去世后全部留给儿媳蔡娟。

后来，公公婆婆相继去世，丁蕊就经常以蔡娟婚内出轨为由，鼓动丁志和蔡娟离婚，为的是自己取代蔡娟成为丁志的监护人和唯一继承人，以便占有房屋。可是，丁志虽然头脑有些不清楚，却明白蔡娟这些年来为家里的付出，根本不相信丁蕊的话，也坚决不肯离婚，这才使丁蕊气急败坏地闯到蔡娟家里下了"最后通牒"。

丁蕊向法院提出，丁志婚前患有精神疾病，且并未告知蔡娟。她作为利害关系人，请求法院确认丁志与蔡娟之间的婚姻无效。然而，《民法典》颁布后，重大疾病早已不是婚姻无效的条件之一，丁蕊的申请被法院驳回。她一计不成又生一计，想要请求法院撤销丁志与蔡娟的婚姻。然而，撤销婚姻只能由婚姻当事人在知情后一年内提出，丁蕊的申请再次被驳回。

在这种情况下，蔡娟主动作出了让步。她为了缓和与丁蕊之间的矛盾，也为了避免日后的麻烦，代表丁志作出了根据公证遗嘱仅继承三套房屋的决定，将剩下的一套房屋让给了丁蕊，并签署了法律文书。这件事情就此终于得以圆满解决。

📝 律师解答

夫妻之间缔结婚姻应当建立在双方平等自愿的基础上，对于某些可能影

>> 第二章 遇见"对的人"，其实不容易

响婚姻成立的事实，应当在婚前及时告知对方，避免因此侵犯对方的婚姻自主权。同时，男女双方缔结婚姻还应当遵守法律规定，如果存在违反法律强制性规定的情况，那么其婚姻将不具备法律效力。

根据《民法典》第一千零五十一条的规定，重婚、有禁止结婚的亲属关系、未到法定婚龄这几种情况下都不符合登记结婚的条件，违反了法律的强制性规定，所成立的婚姻不具备法律效力。

同时，根据《最高人民法院关于适用〈中华人民共和国民法典〉婚姻家庭编的解释（一）》第九条的规定，可以向法院申请确认婚姻无效的不仅限于婚姻当事人，还包括利害关系人。本案中，丁蕊在法律上与丁志是兄妹关系，属于利害关系人中的近亲属。然而，丁志与蔡娟之间的婚姻并不存在法律规定的无效情形，近亲属并不能代为申请确认两人的婚姻无效。

另外，《民法典》第一千零五十三条还规定，如果一方在婚前向对方隐瞒自己患有重大疾病的事实，另一方在知情后有权提出撤销婚姻。需要注意的是，撤销婚姻的请求权只有一年的期限限制，超出期限后便不能再向法院提出。并且，撤销婚姻的申请只能由受蒙蔽的婚姻当事人提出，利害关系人是没有相关权利的。本案中，丁蕊作为丁志的妹妹，并非婚姻当事人，无权向法院申请撤销丁志与蔡娟的婚姻。

纵观这家里几个具备完全民事能力的人：公公、婆婆护儿心切，甚至不择手段；小姑子丁蕊自私自利，想以法律为武器打压他人，结果失败；媳妇蔡娟胆小懦弱、委曲求全。可以说，虽然蔡娟最后做出了让步，但这是法律保障了她和丈夫的权益。我们每个人都向往美好的生活，但在追求美好的过程中不能自私自利。如果做了缺德的事，即使没有受到法律惩罚，也会遭受世人的白眼，饱受良心的不安。

心理解读

◎男方剖析

丁志在一个家庭背景还不错的环境长大，虽然智力不足，但他的感受力还是很灵敏的，他能感受到父母对他的关怀和担忧。这会让他陷入内疚、自

责和自我否定的情绪里。久而久之，他会非常压抑，就像火山一样，随时可能爆发。

丁志十岁时，父母收养了一个女儿。养女的聪明伶俐更是深深刺激了他，让他更自卑和沮丧。在与父母、妹妹生活期间，他心里非常压抑，怕受到妹妹的攻击，怕被父母嫌弃。后来，丁志与蔡娟结婚，感受到了包容。他的情绪开始慢慢地浮于水面，再也压抑不住。他就像一个没有长大的孩子，不假思索地宣泄积压多年的委屈和愤怒。

同时，他又害怕被妻子嫌弃，因为他觉得自己太笨，不会表达自己，内心非常自卑。他非常担心妻子以后可能会嫌弃他、抛弃他，留下他一个人孤独终老。当妻子表示想和他同房，他又不懂男欢女爱，内心特别无力，从而进一步诱发了内心的自卑感，觉得自己无能。所以，他才会越来越偏激，做出很多常人不能理解的行为。其实，自从懂事以来，他都活在自我否定、自我压抑中。

◎ **女方剖析**

蔡娟是一个腼腆、懦弱，胆小怕事之人，也是一个苦命之人。无论在原生家庭还是在婆家，她都是一个非常听话温顺的人。她的一生是可怜、可悲的。她被骗嫁给无行为能力的丈夫，为了自己和娘家人的经济条件好一点，不得不忍受无望的婚姻，照顾情绪不稳定、性格乖张的丈夫。

蔡娟也是从小缺爱，没有存在感，所以非常自卑。她嫁给丁志后，总算是过上安稳的日子，所以她发自内心感谢公婆给了她一个家，也特别细心地照顾丁志的生活。她是善良而纯朴的，尽量地包容丁志，哪怕后来丁志爆发严重的情绪问题，她也是默默地守护他。

◎ **本案总结**

人与人之间没有无缘无故地相遇，本案中的男女双方是独特的缘分。他们其实不像夫妻，更像兄妹。女方一直默默地守护着男方，男方也特别依赖女方。当男方的妹妹怂恿男方离婚的时候，他选择拒绝，并将妹妹的全部提议屏蔽。男方离不开女方。他们虽然没有性关系，但是特别紧密，互相依靠。

可以说，女方的出现就像男方生命中的第二道光，是他生命中不可或缺的一部分。他们的故事是独特而且感人的，每一条生命都需要被呵护。他们都是社会中的弱势群体，本来都需要社会的支持和关爱。然而因为缘分，他们成为彼此的守护天使。

◎ **心灵贴士**

每个人的命运都是不一样的。当我们觉得命运不公的时候，是否会想到，社会中还有不及你我的弱势群体。而那些弱势群体，或许此刻正在抱团取暖、彼此守护、艰难前行。

法律链接

《中华人民共和国民法典》

第一千零五十一条 有下列情形之一的，婚姻无效：

（一）重婚；

（二）有禁止结婚的亲属关系；

（三）未到法定婚龄。

第一千零五十三条 一方患有重大疾病的，应当在结婚登记前如实告知另一方；不如实告知的，另一方可以向人民法院请求撤销婚姻。

请求撤销婚姻的，应当自知道或者应当知道撤销事由之日起一年内提出。

第一千零五十四条 无效的或者被撤销的婚姻自始没有法律约束力，当事人不具有夫妻的权利和义务。同居期间所得的财产，由当事人协议处理；协议不成的，由人民法院根据照顾无过错方的原则判决。对重婚导致的无效婚姻的财产处理，不得侵害合法婚姻当事人的财产权益。当事人所生的子女，适用本法关于父母子女的规定。

婚姻无效或者被撤销的，无过错方有权请求损害赔偿。

《最高人民法院关于适用〈中华人民共和国民法典〉婚姻家庭编的解释（一）》

第九条 有权依据民法典第一千零五十一条规定向人民法院就已办理结婚登记的婚姻请求确认婚姻无效的主体，包括婚姻当事人及利害关系人。其中，利害关系人包括：

（一）以重婚为由的，为当事人的近亲属及基层组织；

（二）以未到法定婚龄为由的，为未到法定婚龄者的近亲属；

（三）以有禁止结婚的亲属关系为由的，为当事人的近亲属。

第十条 当事人依据民法典第一千零五十一条规定向人民法院请求确认婚姻无效，法定的无效婚姻情形在提起诉讼时已经消失的，人民法院不予支持。

丈夫幡然悔悟，挽回妻子真心

> **题 记**
>
> 夫妻共同经营家庭、积累财富多年，一方因另一方出轨提出离婚时，应充分考虑财产、子女继承以及情感延续等问题。

案情重现

郝英在农村长大，自己一个人在外打拼。和她在同一个厂子上班的洪姐有个弟弟洪锐进，老大不小了还没个对象，让家里人都跟着着急。洪姐见郝英踏实稳重，又打听到她还是单身，便将弟弟介绍给了她。

郝英与洪锐进接触了一段时间后，两人逐渐熟悉起来。他们两个都属于比较安静的性格，为人也都比较老实勤快。洪锐进觉得自己与郝英性格相似，平时也比较聊得来，便提出想见一见双方的家长，把两人的婚事定下来。就这样，郝英在与洪锐进恋爱半年后，便与他领了结婚证。

刚结婚时，郝英与洪锐进感情非常好。郝英看中洪锐进这个人能吃苦，虽然他几乎家徒四壁，但郝英从来没有因为这个嫌弃过他，而是坚信靠着两人的努力迟早能过上好日子。令她欣慰的是，洪锐进也并没有辜负她的期望。他每天早出晚归，往来于各大建筑工地，用自己勤劳的双手为他们的小家积攒着财富。一年后,两人的女儿出生。洪锐进自此更加卖命地干活,脑子里想的只有该怎么让妻女过上好日子。

  功夫不负有心人,在小夫妻的不懈努力下,终于攒出了一笔积蓄。洪锐进在村里有片宅基地,原来的房子又老又旧,他早就想翻新重建了。如今有了积蓄,他便着手开始重建老房。两人的积蓄不多,没有余力请工人,便亲自上阵,一沙一石自己挑,一砖一瓦自己盖,钢筋自己捆,模板自己搭。经过几个月没日没夜地干,终于盖好了两人的安乐窝。有了自己稳定的小家,又有一个可爱的女儿,一家三口过上了虽然不富裕但温馨幸福的生活。

  十几年的时光一闪而逝,郝英与洪锐进的女儿也即将升上初中。就在这时,突然传来了一个消息——政府要征收他们的宅基地!得知这件事后,郝英两口子又忧又喜。忧的是住了十几年的房子早已有了感情,突然要拆迁让两人心中充满了不舍;喜的是政府给的征收补偿款数额十分可观,足够一家人在城里买上两套宽敞的楼房。怀着激动而期盼的心情,郝英与洪锐进用补偿款购买了两套房屋,一套登记在夫妻两人名下,另一套登记在女儿名下。买完房子,补偿款还剩下不少,足够一家人过得轻松富裕了。

  就在郝英以为他们的生活已经迎来光明的时候,洪锐进的转变却让她措手不及。手里有了大笔存款后,洪锐进的内心也跟着急速膨胀起来。他不满足自己只有一个女儿,坚持要生一个儿子来继承自己的"香火"。可郝英此时已人到中年,想要再生个孩子并不是那么容易的事情。洪锐进见郝英一直怀不上,经常找借口和她吵架,还在外面发展了好几个情人,叫嚣着要让她们给自己生儿子。

  为了维持家庭的完整,郝英吃尽了苦头,终于生下了一个儿子。然而,洪锐进并没有因为儿子的到来有所收敛,而是更加肆无忌惮,甚至长期不回家,与情人在外居住。为了这事,郝英好言相劝过,也和他大吵大闹过,但情况并没有改善。时间一长,洪锐进的所作所为给郝英造成了严重的伤害。她一想到弃家庭于不顾的洪锐进就痛苦难受,连带着看到长得与洪锐进极为相似的儿子也难以忍受。她常常整夜失眠,甚至会出现幻觉,多次产生带着儿子一起自杀的念头。郝英知道,自己的精神已经严重出现了问题。为了防止自己做出不可挽回的事情,她只能前往医院治疗,靠着大把大把的药片来维持自己的理智。

郝英的女儿将母亲遭受的苦难看在眼里,十分心疼她,劝说她早点离开这个让她痛苦的家。在女儿的鼓励下,郝英终于下定决心,与洪锐进分居,并向法院提起了离婚诉讼。想到自己所受的苦,她坚决表示不要儿子的抚养权,只要求能够公平合理地分割夫妻共同财产。

面对妻子毅然的决裂,洪锐进回想起两人多年来共同携手走过的时光,终于认识到自己行为的荒唐。他对自己的所作所为十分后悔,为了挽回郝英,他多次来到郝英的住处向她道歉,还向女儿忏悔自己的过错。为了表示自己的诚意,他将所有的存款都打到了郝英名下的账户上,并保证以后家里的财政大权都归郝英。

经过一段时间的分居,郝英也逐渐冷静下来。她想到,她和洪锐进离婚后,如果洪锐进再婚生了其他孩子,必然会影响到她两个孩子未来能够继承的遗产。况且,她与洪锐进之间确实还有感情,洪锐进又诚心悔改。于是,郝英决定再给洪锐进一个机会,撤回了自己的诉讼请求,与洪锐进重归于好。

律师解答

《民法典》第一千零四十三条第二款从法律的角度阐述了夫妻之间应当相互履行的忠实义务。之所以将忠实义务纳入法律规定,是因为当夫妻一方违反忠实义务时,所涉及的不仅是道德上的问题,还包括法律上的问题。例如,夫或妻在婚姻存续期间与他人保持不正当男女关系的,极大概率会与第三者有财产上的往来,而这将必然侵害无过错一方对夫妻共同财产应当享有的权利。

除此以外,如果夫妻违反忠实义务,还可能因非婚生子而产生纠纷。根据《民法典》第一千零七十一条的规定,非婚生子在法律上与婚生子是平等的,享有相同的权利。非婚生子的父母同样需要对非婚生子承担抚养义务。无论父母是否存在过错,子女都是无辜的,因此本条规定的目的主要在于保障非婚生子的合法权益。与之相关的,是非婚生子对父母的财产享有继承权。

如果非婚生子是因婚外情这样违背道德伦理的关系而出生，即使其并不存在过错，也势必会影响无过错一方以及婚生子的相关权利。本案中，郝英正是考虑到了这一点，如果洪锐进因婚外情有了其他子女，或是在离婚后再婚有了其他子女，该子女都对洪锐进的财产享有继承权，而这也会使郝英的子女原本能够继承的遗产数额减少。为了保障子女的权利，且双方尚有感情，郝英才决定与洪锐进复合。

此外，《民法典》第一千零九十一条第一项、第二项还规定，因一方重婚或者与他人同居导致离婚的，无过错方有权请求损害赔偿。洪锐进未履行夫妻之间的忠实义务，与多人发展婚外情，甚至同居，如果郝英坚持要离婚，可以根据本条规定要求洪锐进承担离婚损害赔偿责任。同时，《最高人民法院关于适用〈中华人民共和国民法典〉婚姻家庭编的解释（一）》第八十六条规定，损害赔偿包括物质损害赔偿和精神损害赔偿。郝英因洪锐进的出轨行为受到了严重的精神损害，因此在要求离婚损害赔偿时，郝英除了可以要求物质损害赔偿外，还可以要求精神损害赔偿。

俗话说，百年修得同船渡，千年修得共枕眠。夫妻之间能够相守相伴多年、携手走过风雨是非常难得的一件事。无论是丈夫还是妻子，都应当努力维护家庭的完整，承担起家庭的责任。本案中，洪锐进因重男轻女的愚昧思想，无视为家庭任劳任怨的妻子，而肆意发展婚外情，不仅给妻子郝英造成了严重的伤害，还差点使一个原本美满的家庭就此破裂。洪锐进与郝英复合后，应当深刻反思自己之前的所作所为，弥补妻子和女儿受到的伤害。

心理解读

◎ **男方剖析**

洪锐进把自己看得太重，觉得自己有条件过想过的任何生活，自大无比。同时，他也不懂得感恩，没有什么底线。一个人如果没有底线，没有感恩的心，就很容易迷失自己。现在的世界诱惑很大，有的人早年的经历很简单，也没有条件风花雪月，他对外界的诱惑是没有抵抗力的，等条件允许，他就会忍不住各种尝试。洪锐进的所作所为也正诠释了这一点。当没有经济实力的时候，他扮演了好男人的角色。在苦尽甘来后，他就开始放飞自己。他凭借自己有点钱以及妻子对他的包容和隐忍，不顾及妻子的付出，不惦记妻子的好处，一意孤行地在外面风花雪月。如果洪锐进有一颗感恩的心，相信他也不会到如此地步。

此外，洪锐进的内心是不成熟的，他就像一个小时候没有钱买玩具的孩子，长大后有了条件就拼命地享受生活，买自己喜欢的东西。从心理学角度来看，他的情况属于"心理反雏"的现象。简单来解释，就是一个人从小特别缺爱或者是受到溺爱，他没有足够的爱和能量让自己成为一个心理成熟、身心平衡、情绪稳定、敢于承担的人。但因为现实他又必须假装成熟地去承担一些社会责任，那他就会暂时隐藏自己真实的一面，以获得别人的认可或者家庭的和谐。而一旦有了一些契机或者是他没有办法控制自己的伪装的时候，就会表现出真实的样子。对于这样的情况，只有自己意识到需要改变，才有机会重新塑造内心状态。每个人的成长和转变都需要契机，且有一些弯路不可避免。人总不能一直迷路，总会遇到一些事，因为某个人而顿然开悟，重新回到稳定的成长轨道。洪锐进最后的幡然悔悟，就是其成长和转变的表现。

◎ 女方剖析

郝英是一个善良、贤惠、隐忍的女人。她没有因丈夫经济条件不好而嫌弃他，而是一心一意地和他在一起经营家庭。他们的日子虽苦了点儿，却是有爱、踏实的。善良的郝英一直在付出，可她没有想到，丈夫因为物质条件突然变好而变得自大妄为。面对丈夫的嚣张、执意要生儿子、出轨等行为，郝英选择了隐忍、迁就，她委屈自己、奋力拼搏，想挽住家庭。这些都与其本质善良的性格紧密相关。

善良之余，郝英也不失理智。当她鼓起勇气提起离婚诉讼的时候，面对丈夫的悔改，她又想到如果丈夫再婚生了其他孩子，必然会影响到她自己两个孩子未来能够继承的遗产，而选择了"原谅"。可以说，人到中年的郝英是成熟的、不自私的，她不像洪锐进那样，只想着自己，她的人生中还有两个重要孩子。她宁可自己承受委屈也会和解，与过去及伤害她的人和解。郝英身上表现出了母爱的伟大。

>> 第二章 遇见"对的人",其实不容易

◎ 本案总结

本案中,女方为男方做了很多,她在男方生命中更多的是"母亲"的角色。对于男方的任意妄为,女方过于迁就,从而打破了夫妻之间的平衡感。而男方幼稚的本质,让他像儿子一样任性,不断制矛盾和麻烦。他幼稚地以为女方对他感情很深,又有两个孩子的牵绊,不可能离开他,所以他才会一而再、再而三地触及女方的底线。好在女方不失成熟与理智,最终挽救了失足的丈夫,保住了破碎的家庭,更保全了子女未来更多的财产。

◎ 心灵贴士

人际关系需要平衡,失去平衡会引发很多矛盾。夫妻关系亦是如此。如果夫妻关系不平衡,极有可能导致离婚的后果。一般地,如一方毫无底线可言,或者一方过于迁就另一方,又或者一方掌控欲过强等,都会导致夫妻关系的失衡。因此,努力平衡夫妻关系,每一方都做到有责任、有底线、不迁就、不掌控,尊重自己也尊重对方,才能经营好家庭,获得幸福。

法律链接

《中华人民共和国民法典》

第一千零四十三条 ……

夫妻应当互相忠实,互相尊重,互相关爱;家庭成员应当敬老爱幼,互相帮助,维护平等、和睦、文明的婚姻家庭关系。

第一千零七十一条 非婚生子女享有与婚生子女同等的权利,任何组织或者个人不得加以危害和歧视。

不直接抚养非婚生子女的生父或者生母,应当负担未成年子女或者不能独立生活的成年子女的抚养费。

第一千零九十一条 有下列情形之一,导致离婚的,无过错方有权请求损害赔偿:

(一)重婚;

(二)与他人同居;

(三)实施家庭暴力;

（四）虐待、遗弃家庭成员；

（五）有其他重大过错。

《最高人民法院关于适用〈中华人民共和国民法典〉婚姻家庭编的解释（一）》

第八十六条　民法典第一千零九十一条规定的"损害赔偿"，包括物质损害赔偿和精神损害赔偿。涉及精神损害赔偿的，适用《最高人民法院关于确定民事侵权精神损害赔偿责任若干问题的解释》的有关规定。

骗子老公欠债不还，妻子离婚逃出深渊

题 记

并不是婚后所有债务都属于夫妻共同债务，属于夫妻一方债务的，另一方无须偿还。

案情重现

夏丽思上大三的时候，在一次学校组织的社会实践活动中认识了陆振。刚满20岁的夏丽思年轻靓丽，性格单纯而天真，在学校里有不少追求者。而陆振在见到她以后，同样被她所吸引。陆振学历不高，年龄又比夏丽思大上几岁。与夏丽思相比，他早已是在社会中摸爬滚打了好几年的"老油条"，能说会道，于是，陆振常常以各种借口和夏丽思套近乎，时不时约她出来吃饭，或是送她一些小礼物，哄得夏丽思心花怒放。夏丽思很快就在陆振的甜言蜜语中败下阵来，觉得他比其他同龄的男生更会体贴人。在一个夏天的夜晚，陆振叫夏丽思出门游玩，在美丽的夜景中向她告了白。在气氛的烘托下，夏丽思觉得陆振的眼中充满了爱意，毫不犹豫地答应成为他的女朋友。

确定恋爱关系后，在陆振这个"情场老手"的带领下，两人的关系进展得飞快。可夏丽思毕竟年轻，对很多事情都比较懵懂。在大学毕业前，她惊恐地发现，自己竟然怀孕了！她不敢将这件事告诉父母，只能先和陆振商量。而陆振其实对夏丽思只是抱着"玩玩"的心态，并没有多认真，如今知道她怀孕了，对她的态度更是一落千丈，经常以自己工作忙为借口不接她的电话。

夏丽思既害怕又着急，她还没有工作，没钱去医院做流产手术。可她未婚先孕，如果把这个孩子生下来，肯定会被其他人指指点点。孩子在肚子里一天天长大，夏丽思越来越心急，觉得实在是不能再拖了。为了让陆振对孩子负责，和她结婚，夏丽思作出了让步，主动提出结婚的时候可以不要彩礼。听她这么说，陆振有些心动。他想着自己毕竟早晚要结婚，如果娶了夏丽思，还能省下一笔彩礼。就在孩子还有两个月就要出生的时候，夏丽思终于和陆振领了结婚证，两人正式成为夫妻。

夏丽思刚毕业就结婚生子，为了能够专心照顾孩子，她一直没有找工作。自从结婚以后，夏丽思发现陆振总是"神龙见首不见尾"，每天起早贪黑，却从来没有告诉过她自己究竟在做什么工作。有时候，他还会说自己需要应酬，借口工作忙而夜不归宿。虽然陆振看起来忙得团团转，但结婚几年很少往家里拿钱，夏丽思更是连他工资卡的影子都没见过。平时家里的大小支出，都是夏丽思伸手向娘家要来的。为了这事，夏丽思的父母没少闹意见，她只能安抚父母的情绪，转而去向陆振要钱。但每次夏丽思一问陆振到底在忙些什么时，陆振就总是顾左右而言他，只说自己早晚会发财，让夏丽思再委屈几年。如果夏丽思催得紧了，他就干脆把手机关机，连续好几天都不回家。陆振的种种做法让夏丽思心中充满了不安，她发现自己似乎一点也不了解这个枕边人。

几年以后，有人陆续登门要债。少的几千元，多的甚至要几万元、十几万元。一开始，夏丽思还以为是他们搞错了，直到债主们拿出了写着陆振名字的欠条，而陆振也亲口承认欠条都是真的，夏丽思才明白陆振这些年竟然背着她欠了这么多外债。这些债务数量多，本金加上利息总共要上百万元，夏丽思就算掏空娘家也还不起这么多钱。而陆振面对债主的催债，就像以前一样，玩儿起了失踪，留下夏丽思孤儿寡母两人面对众多债主。其中一部分债主为了催债，还会尾随夏丽思回家，甚至用孩子来威胁她。这样的生活让夏丽思每天心惊胆战，父母的生活也受到了严重的影响。很多亲戚朋友都劝夏丽思早日离开陆振，而夏丽思本人也对这段婚姻充满失望，只想要早点结束这一切。

夏丽思向陆振提出了离婚，而陆振也知道自己对不起她，接受了她的提议。就在两人拟定离婚协议准备到民政局办理离婚登记时，警察突然找上门来，以陆振涉嫌诈骗为由将他逮捕。时至今日，夏丽思才知道，原来前几年陆振总说自己忙，竟然是在忙着违法犯罪！得知真相的夏丽思再也无法忍受，向法院提起了离婚诉讼。由于陆振正在被羁押，无法出庭应诉，只能通过传话的方式表达了自己的忏悔之情以及同意离婚的意见。法院认定夏丽思与陆振之间的感情破裂，判决两人离婚，孩子由夏丽思直接抚养，陆振每月向孩子给付抚养费，直至孩子成年。

律师解答

男女办理结婚登记手续以后，就成为具有法律效力的夫妻。夫妻之间往往是经济共同体，在婚后所获取的财产大部分为夫妻共同财产，所负债务也大部分为夫妻共同债务。但是，并非婚后所有债务都属于夫妻共同债务。

根据《民法典》第一千零六十四条的规定，一般来说，夫妻共同债务需要满足以下两个条件：第一，有夫妻双方共同签名或夫妻一方事后追认等共同意思表示；第二，虽然没有共同的意思表示，但债务用于家庭生活或生产需要。对于符合这两点的债务，一般可以认定为夫妻共同债务。在实践中，有时可能会发生夫妻为逃避债务而离婚的情况。为保障债权人的权利，如果债权人能够提供证据证明债务用于夫妻共同生活、共同生产经营或基于夫妻共同意思表示，法院可以认定该债务为夫妻共同债务。《民法典》第一千零八十九条规定："离婚时，夫妻共同债务应当共同偿还。共同财产不足清偿或者财产归各自所有的,由双方协议清偿;协议不成的,由人民法院判决。"

在本案中,陆振所欠债务为其一人签名的债务,夏丽思对此毫不知情。况且,婚后的日常生活开销大多都为夏丽思负担,可以看出这些债务并未用于两人的日常生活开销。因此,陆振所欠债务应当为其个人债务,夏丽思无须偿还。

本案中,陆振在结婚以后,不踏踏实实地想着用劳动来获取财富,而是幻想一夜暴富、投机取巧,走歪门邪道,最终走上了违法犯罪的道路,将自己送进了监狱。他的行为不仅使原本应当美满和谐的家庭走向破裂,还给孩子和关心、爱护他的亲人造成了心灵上的伤害,甚至未来还有可能因自己的犯罪记录而影响孩子的前途。而夏丽思则没能在婚前擦亮双眼、及时止损,过于轻率地走入婚姻,导致了自己在婚姻中的不幸经历。

心理解读

◎男方剖析

陆振做事不踏实,好逸恶劳,没有恒心和毅力,喜欢投机取巧。他这种思想的人当碰到更大的骗子时,容易被"画大饼",被骗得血本无归。而此时的他又不甘心,只好继续骗其他人,不断拆东墙补西墙,骗新钱还旧债,挖空心思在行骗的道路上往前冲,如同亡命之徒。

陆振之所以不断行骗,是因为其潜意识是自卑的,更多的是想证明自己比那些人数众多的受害者优秀,比他们更有本事。受害者越多,他就感觉自己越优秀、越聪明、越成功,越能弥补其内心的自卑感。

在对待感情方面,陆振照样是在"行骗"。他欺骗夏丽思的感情,对她抱着"玩玩"的心态,当知道她怀孕的时候,还企图逃避。夏丽思就像他在行骗中所获得的猎物一样,只是给他内心带来满足与快感,并没有俘获他的真心。

俗话说:"人在河边走,哪有不湿鞋?"陆振总是用坑蒙拐骗的方式来生活,终将没有好结果,不仅会受到法律的制裁,还要面对妻离子散的结局。

◎女方剖析

夏丽思天真、漂亮,社会阅历很少,相当单纯。而陆振是有阅历、圆滑的人，很容易就让夏丽思觉得他很体贴、很懂自己。在陆振的甜言蜜语中，夏丽思慢慢地迷失了自己，完全被老练的陆振带着走，直到发现自己怀孕，她才意识到事态的严重性。面对想临阵脱逃的陆振，她不仅没有失望伤心，反而主动和他说自己什么都不要，只要能结婚就好。这就让陆振觉得自己不用付出什么，又捡了个媳妇和孩子，才同意结婚。从这件事可以看出，夏丽思是一个活得很卑微的人。她走入陆振的圈套，又要因为怀孕之事不得不选择与他结婚，好像命运在推着她走一样。甚至在婚后很久，她都在艰难地维系着婚姻，直到越来越多债主上门，让她越来越恐惧，在父母和亲戚朋友的劝说下，才下定决心离婚。这足以说明她害怕，也没想过自己有力量能够改变人生。

或许，夏丽思总是觉得自己不够好，才会遇到这么多不好的事情，慢慢地形成"习得无助感"。她渴望得到关爱、关心、关注、鼓励，但经历了一次又一次的失望，她会觉得无望，甚至觉得"幸福是遥不可及的"。有了这样的想法，导致她的生活一步一步走向低迷。只有重新构建新的信念，才能重塑她的生活。

◎**本案总结**

无论是谁，都必须守法而行，如果心存侥幸，假以时日，必将受到制裁。就像本案中的男方一样，最终自食行骗的恶果。我们每个人都必须坚守底线，坚守良好的价值观，凭着聪明才智和善良厚道来赢得更好的生活。

本案中，女方活得很卑微，她似乎没有力量去改变自己的人生。其实命运不是一成不变的，如果我们只是单纯地认命，那很容易陷入迷茫中。而如果我们不盲目地相信命运的安排，更多地通过自己的努力，发挥主观能动性去创造不一样的生活，那就很有机会逆转未来。

◎**心灵贴士**

人生的每一步都是我们躲不开的考验，同时也是丰富生命的养分。既然"命"躲不开，那就让我们储存能量、积累经验，拿回力量去转化"运"的部分。"长风破浪会有时，直挂云帆济沧海。"我们要相信自己，我命由不由天！

第二章 遇见"对的人",其实不容易

法律链接

《中华人民共和国民法典》

第一千零六十四条 夫妻双方共同签名或者夫妻一方事后追认等共同意思表示所负的债务,以及夫妻一方在婚姻关系存续期间以个人名义为家庭日常生活需要所负的债务,属于夫妻共同债务。

夫妻一方在婚姻关系存续期间以个人名义超出家庭日常生活需要所负的债务,不属于夫妻共同债务;但是,债权人能够证明该债务用于夫妻共同生活、共同生产经营或者基于夫妻双方共同意思表示的除外。

第一千零八十九条 离婚时,夫妻共同债务应当共同偿还。共同财产不足清偿或者财产归各自所有的,由双方协议清偿;协议不成的,由人民法院判决。

妻子粗心大意,丈夫暗度陈仓

> **题　记**
>
> 有配偶者与他人同居,即使未以夫妻名义,离婚时,另一方也可要求损害赔偿。

案情重现

席东刚一进门,就看到了坐在沙发上等他回来的妻子薛月婷。薛月婷脸色阴沉,双眼中饱含着复杂的情绪,紧紧盯着他,面前的茶几上还摊放着几张照片。席东刚要去看看是什么照片,薛月婷就已经将它们摔在了他的身上:

"看看你自己干的好事!"

席东一惊,连忙从地上捡起照片。在看到照片上的人时,他的脸色顿时变得很难看,连忙狡辩起来:"你听我解释……"还没等他说完,薛月婷已经不想再面对他,转身进了卧室并摔上了房门。席东再次看了一眼手中自己和助理小刘亲密出行的照片,愤恨地将这些照片全部撕成了碎片。

席东比薛月婷大几岁,两人第一次见面时,他已经是公司里的部门经理,而薛月婷还是刚刚步入职场的新人。刚见到薛月婷,席东就被这个浑身散发着活力的年轻女孩吸引了。薛月婷个性要强不服输,在工作中格外努力上进。而席东工作能力强,常常在工作上指导、帮助她。一来二去,两人的关系越来越亲密,自然而然地成了一对情侣。

待两人感情稳定之后,席东主动提出想和薛月婷结婚。薛月婷认为两人如今事业和感情都比较稳定,便答应了席东的求婚。然而,就在两人刚结婚后不久,正在你侬我侬的时候,公司突然下发了调职令,将席东调到了外省的分公司工作。新婚夫妻就要两地分居,薛月婷心中纵然充满了不舍,但为丈夫的前途着想,她只能微笑着目送丈夫离开。

两人长期分居,工作又忙,平时只有逢年过节才能见上一面。长夜寂寞,席东渐渐地生出了别的心思。公司为了便于席东展开工作,为他安排了一名年轻的女助理小刘,两人在公司的安排下共同居住在职工宿舍中。小刘不仅在工作上是席东的左右手,在生活上更是为他提供了无微不至的照顾。席东原本在家中排行最小,很受父母的宠爱。小刘的照顾让他想到了自己的母亲,从而对她产生了一种别样的感情。在朝夕相处之下,席东与小刘的交往很快就超越了同事的界限,两人甚至在员工宿舍外另租了一间房屋,以上下级的名义共同居住。

两年后,薛月婷接到公司的调职通知,她被调到了席东所在的分公司工作。为掩人耳目,避免出轨的事情被发现,席东和小刘只能搬回了职工宿舍。薛月婷作为席东的妻子,自然也少不了与小刘接触。她得知小刘一个年轻女孩在外打拼很不容易,格外照顾小刘,经常叫小刘和他们夫妻一起吃饭。在日复一日的相处中,薛月婷逐渐发现丈夫与这个年轻的女助理之间的关系似乎过于亲密了。于是,她告诫席东与小刘相处要保持好分寸,不要逾越上下级关系。而席东对此只说是薛月婷多想,糊弄了过去。而薛月婷也以为是自己长期与丈夫分居导致疑心病过重,便将此事抛到了脑后。

  与席东相聚后不久,薛月婷便发现自己怀孕了。在休产假期间,为了得到更好的照顾,薛月婷便回了娘家,而席东仍然留在职工宿舍与小刘在一起。孩子出生后需要人照顾,薛月婷便索性辞掉了原来的工作,就近找了一份新工作,以便更好地陪伴孩子。而席东没有了妻子在身边这一顾虑,与小刘打得更为火热了。

  一次,薛月婷从前关系很好的同事到她所在的城市出差,两人相约见了一面。在吃饭时,同事叮嘱薛月婷,让她小心小刘,因为自己曾经不止一次见到过席东与小刘之间举止暧昧。听了同事的话,薛月婷回想起自己当初发现的不对劲的地方,心里一凉,明白她一直以来信赖的丈夫很可能已经背叛了她。于是,薛月婷没有提前告诉席东,悄悄来到他的公司附近,果然看见了他与小刘打情骂俏的场面。伤心欲绝的她保留着最后一丝理智,拍摄下了席东出轨的证据。

  在薛月婷的质问下,席东承认自己确实与小刘存在不正当关系,但并不承认两人长期同居。自此以后,夫妻两人彻底撕破了脸。薛月婷每天对席东冷言冷语,席东的脾气则越来越大,动不动就大声呵斥孩子,有时还会对孩子动手。每到这种时候,薛月婷便会对席东破口大骂,反复痛斥他的背叛。席东总会在心里怀念对他体贴入微的小刘,对现在的婚姻生活深恶痛绝。他越想越觉得薛月婷对他毫无尊重可言,继续和她在一起生活简直是受罪,便向法院提起了离婚诉讼。

  在法庭上,薛月婷指责席东道德败坏,婚内出轨甚至重婚。但席东坚称自己的出轨行为只是偶尔几次,还是薛月婷不尽妻子义务导致的,并不属于重婚。而薛月婷也拿不出席东与他人重婚的实质性证据。最终,此案以调解告终。薛月婷与席东离婚。两人的孩子由薛月婷直接抚养,席东每月向孩子支付抚养费3500元。除此之外,席东还需向孩子一次性给付教育资金3万元,向薛月婷给付离婚损害赔偿50万元。

律师解答

在本案中，薛月婷发现席东出轨要求离婚，争议的焦点主要在于席东的出轨行为是否为重婚。重婚，就是在已经结婚的情况下，与他人又缔结婚姻的行为，或明知他人已经结婚仍与其结婚的行为。在实践中，在已有婚姻关系的情况下，与他人以夫妻名义共同生活的，一般也认为是重婚。

重婚行为所侵害的不仅是个人的婚姻权利，还有我国的婚姻登记制度。因此，当行为人实施重婚行为以后，所需要承担的除了民事责任以外，还可能成立重婚罪，承担相应的刑事责任。

在判断行为人的行为是否属于重婚时，首先要看其是否已经结婚。根据《最高人民法院关于适用〈中华人民共和国民法典〉婚姻家庭编的解释（一）》第七条的规定，可以从以下两方面判断：第一，如果行为人已经办理了结婚登记手续，领取了结婚证，应认定行为人已经结婚。第二，如果行为人没有办理结婚登记手续，要看行为人是否符合法律规定的事实婚姻要件。如果符合，那么应视为行为人已经结婚。如果行为人在已经结婚的情况下，仍然与他人结婚或者以夫妻名义共同生活，就属于重婚，应当承担法律责任。

在本案中，席东在与薛月婷结婚以后，与助理小刘发展出了不正当的婚外情关系，并与小刘一起居住。但是，席东与小刘并非以夫妻名义，而是以上下级的名义住在一起，在他人看来，虽然会认为两人之间存在男女关系，但并不会认为两人是夫妻。因此，席东不符合法律所规定的重婚的要件，不构成重婚。虽然席东的行为不属于重婚，但他违背夫妻忠实义务、伤害妻子薛月婷的感情这一点是毋庸置疑的。在婚姻关系中，席东属于有配偶而与他人同居的情形，存在过错。其妻子薛月婷作为无过错方，在离婚时有权要求损害赔偿。此案最后以调解结案，席东最终给予薛月婷 50 万元的经济补偿，这正是对其过错行为进行民事赔偿的体现。

席东已经是有妇之夫，却没能坚守住自己的道德底线，因一时寂寞而与他人发展出婚外恋情，不仅对妻子薛月婷造成了伤害，更影响了两人孩子的健康成长，破坏了家庭的和谐完整。而薛月婷对待婚姻的粗心大意，也是令人唏嘘。

心理解读

◎ 男方剖析

席东是一个极度自私的人。他没有坚守婚姻底线，出轨他人，为人所不齿。但他既然已经喜欢上助理就要坦诚面对，和妻子摊牌，不要再辜负妻子的青春和感情。如果及时和妻子离婚，证明他还是有一点良知的男人。而他却一直徘徊在两位女性中，左右逢源，历时多年也不愿意做出抉择，这就体现了他取巧的心态。他既顾虑到现实的因素，离婚会分割财产，给自己造成一定的损失，还有妻子可能会因此发现他出轨的事，如果在单位传扬出去，会影响他的职业发展。他的内心也想享受"齐人之福"。既能拥有一位独当一面、果敢优秀的太太，扮演专一好男人的角色，又能拥有一位温柔体贴、凡事以他为先的助理兼情人，这让他感觉自己很优秀，也很有成就感。

席东也是一个大男子主义者。他活在自己想象的世界里，自我感觉良好。但他忽略了其自我感觉良好是建立在妻子痛苦的基础上的。没有女人愿意和别人分享丈夫的爱。他想象不到妻子被欺骗了多年以后那种痛苦、压抑和愤怒的心情。他对妻子是冷漠的，他一直活在自欺欺人中，不断在内心找各种理由（如妻子不尊重他等）合理化自己不道德、不合法的行为，启动了心理学上的自我防御机制。这只是他为自己的花心找的借口。

◎ 女方剖析

薛月婷的性格大大咧咧。她一点都没有觉察到丈夫已经出轨，还对助理关爱有加，她的性格和一般的女性不一样，比较耿直，所以她不会在意细节。也是因为这样的性格，丈夫才有机会隐瞒真相，他们的婚姻才能持续这么多年。如果她的心思更细腻敏感一些，那她就会很容易发现丈夫出轨的事实。

薛月婷的思维是传统的，她以为为丈夫生儿育女，尽妻子的义务，就可以守护家庭的幸福。其实她不知道，丈夫的心思早就不在她的身上，让她生育孩子也是出于夫妻的义务。毕竟他还不想离婚，想保留脸面并用孩子转移薛月婷的注意力。她只要生了孩子，就会被家庭琐事束缚，精力也会放在照顾孩子上面。那样她就没有时间去关注自己的时间安排，更有利于自己随心而欲。

此外，薛月婷由于早年感情经历很少，思想也比较简单。她不了解男人的心理特征及生理需求，忽视了长期分居势必造成夫妻之间感情越来越淡，很容易引起婚变。两个人既然结了婚，就要多关心对方，多培养感情，将心比心地理解男方的心理及生理需求，这样的感情才能持久稳定。

◎ 本案总结

结婚犹如逆水行舟，夫妻之间得互相关心，同心协力，才能凝聚在一起，乘风破浪，扬帆起航。伴侣关系有一个重要的价值是情绪价值，而这个价值建立在陪伴的基础上。本案中，席东和薛月婷婚后突然成了分居的状态，女方也没有考虑到夫妻之间需要多陪伴、沟通，提供情绪价值，所以他们之间的感情就会越来越淡。而男方的助理更懂男性的心理，并且有地理位置优势及经常陪伴的便利，所以她才有机会乘虚而入。

夫妻之间也要多陪伴、多交流，共同成长，如果不得不分居两地就要多通过电话和视频交流，并创造机会见面，不要因为工作忙碌而冷落了伴侣。夫妻不能长时间分居两地，那样就很容易因夫妻之间见不到面导致心理距离越来越大，一旦有了误会就很难化解，造成越来越深的隔阂。

◎ 心灵贴士

夫妻同坐一条船，而这条船需要彼此共同维护，无论遇到什么风雨，双方齐心协力都能确保这条船能稳健航行，而且不会因为纷纷扰扰而迷航。夫妻同心，就如同往船里注入高品质的机油，动力十足，一个扬帆，一个掌舵，在航行中形成默契，共同创造属于两个人独特的体验。这样的感情才能让夫妻之间不会因为岁月流逝而失去新鲜感和激情，反而会因同甘共苦而增加不同的体验感，使得感情越发深厚。

同时，经营婚姻是需要用心学习的。因为大多数人都没有太多的经验，所以要通过各种方式去学习，比如结交一些婚姻幸福的朋友，向他们学习夫妻相处的智慧。而且靠近婚姻和谐的家庭，就能得到更多滋养，这样才更有信心缔造和谐的婚姻。

法律链接

《中华人民共和国民法典》

第一千零九十一条 有下列情形之一，导致离婚的，无过错方有权请求损害赔偿：

（一）重婚；

（二）与他人同居；

（三）实施家庭暴力；

（四）虐待、遗弃家庭成员；

（五）有其他重大过错。

《最高人民法院关于适用〈中华人民共和国民法典〉婚姻家庭编的解释（一）》

第二条 民法典第一千零四十二条、第一千零七十九条、第一千零九十一条规定的"与他人同居"的情形，是指有配偶者与婚外异性，不以夫妻名义，持续、稳定地共同居住。

第七条 未依据民法典第一千零四十九条规定办理结婚登记而以夫妻名义共同生活的男女，提起诉讼要求离婚的，应当区别对待：

（一）1994年2月1日民政部《婚姻登记管理条例》公布实施以前，男女双方已经符合结婚实质要件的，按事实婚姻处理。

（二）1994年2月1日民政部《婚姻登记管理条例》公布实施以后，男女双方符合结婚实质要件的，人民法院应当告知其补办结婚登记。未补办结婚登记的，依据本解释第三条规定处理。

《中华人民共和国刑法》

第二百五十八条 有配偶而重婚的，或者明知他人有配偶而与之结婚的，处二年以下有期徒刑或者拘役。

丈夫甩下妻儿忙出轨，妻子侵权"小三"被判赔

> **题 记**
>
> 面对丈夫出轨，妻子应理智维权，不能公然打骂侮辱第三者，否则属于侵权。

案情重现

在一个天气阴沉的下午，李翠岚收到了来自法院的传票。她看着传票上的内容，依然无法相信，她只不过是想教训一下破坏她家庭的第三者，让丈夫能够回心转意，怎么如今她却被人告上法庭，成了不占理的那位呢？

十多年前，李翠岚经人介绍，与井阳相识。井阳五官端正，外表高大阳光，正好是李翠岚的理想型伴侣。两人接触几次后，李翠岚便主动提出想要进一步发展。而井阳认为李翠岚性格贤惠，是做妻子的好人选，便顺水推舟地答应下来，两人正式确立了恋爱关系。

井阳从小在家暴家庭长大，他父亲性格非常暴躁，每天下班都去酗酒，喝得烂醉回到家就发酒疯，他很害怕不小心就会被父亲暴打一顿。井阳把小时候的不幸讲给李翠岚听，李翠岚对他更加心疼，决心以后要加倍对他好。

在经过长达三年的恋爱后，李翠岚与井阳终于步入了婚姻。婚后没多久，李翠岚就生下了女儿。女儿出生后，李翠岚怕丢了工作，一出月子就返回公司上班，下班回家后还要继续带孩子。而井阳却还没担负起作为父亲的责任，每天像个甩手掌柜，下班后从来不会主动和李翠岚一起带孩子。这样操劳的生活让李翠岚消耗很大，她不再像从前一样有时间和精力打扮自己，脸上布

满了化妆都遮不住的疲惫与憔悴。

仅仅是工作与家务就让李翠岚分身乏术，她更没有时间来维护与丈夫之间的感情了。井阳看着从前光鲜亮丽的妻子变成了如今的"黄脸婆"，虽然嘴上没说，但心里已经开始嫌弃她。与李翠岚不同的是，井阳婚后依然保持着端正的长相与挺拔的身材，颇受异性的喜欢。婚后不到两年，井阳便对妻子失去了新鲜感，开始追求婚外情的刺激感，每天在外鬼混。

在井阳出轨已经有一段时间后，李翠岚无意中发现了他与第三者的聊天记录，这才知道自己全身心爱慕的丈夫竟然早已见异思迁。遭受打击的李翠岚拿着聊天记录找井阳对峙，逼着他和第三者断绝关系。可井阳刚安分了没几个月，便再一次出轨。他对婚姻的不忠使夫妻之间开始了无止境的争吵。李翠岚想到年幼的孩子和自己未来的人生，不止一次地在深夜落泪。可天一亮，她依然要照顾家庭，尽自己作为妻子和母亲的本分。李翠岚心里清楚，为了孩子，她不会和井阳离婚。为了继续维持婚姻，她只能对井阳的出轨行为睁一只眼闭一只眼。

然而，李翠岚的隐忍却并没能等来期待中的回报。就在女儿五岁时，井阳在工作中认识了一名叫严夏的女性。对于井阳来说，他当初和李翠岚结婚，仅仅是因为她适合做一名妻子。而严夏则不一样，她能够唤醒井阳心中所有对于爱情的憧憬和激情。与严夏认识后不久，井阳便与她陷入了热恋。

也正是由此开始，井阳对李翠岚和女儿的态度急转直下，经常对她们冷暴力，甚至有时还会动手打人。一次，女儿深夜发高烧，李翠岚六神无主，连忙给井阳打电话。可没想到，井阳不仅不关心女儿，甚至连回家都不愿意，直接挂了电话，李翠岚只能独自一人将女儿送往医院。她每次想到这件事，都觉得十分心寒。可井阳丝毫没有为自己对女儿的态度感到愧疚，还要出钱为严夏装修房子。

李翠岚终于再也忍受不了了，她与井阳爆发了结婚以来最为激烈的争吵："你还是个人吗？你的亲生女儿生病住院你不闻不问，现在却要出钱给一个不相干的人装修房子？你怎么这么冷血？难道一个情人比你的亲生女儿还重要吗？"

可井阳的回答却让李翠岚的心彻底沉了下去："不就是一个孩子吗？我和

严夏可以再生一个！"

这件事给了李翠岚莫大的刺激，她的精神原本就在几年婚姻生活的折磨下变得脆弱不堪。如今被井阳一刺激，她头脑中理智的弦彻底崩断了。李翠岚觉得，井阳所有的改变都是因为严夏的出现，只要严夏主动离开井阳，生活就能回到以前。她将心中所有的恨和不甘都转移到了严夏身上，带着鸡蛋怒气冲冲地来到严夏的工作单位，在众目睽睽之下将鸡蛋一个个砸到她身上，一边砸，一边怒骂："破坏别人家庭的狐狸精！不要脸！勾引别人老公！"

如此大的阵仗惊动了严夏单位的领导，在领导的劝说下，李翠岚骂骂咧咧地离开了。而严夏在众人的目光和议论声中抬不起头，只能匆匆请假提前离开了单位。之后的一段时间，她觉得单位里人人都在议论她，原本已经定好的升职机会也因此泡了汤。严夏认为，李翠岚的行为给她的名誉造成了恶劣影响，严重扰乱了她的生活。在一番考虑过后，她向法院提起了诉讼，以侵犯名誉权为由，要求李翠岚公开道歉，并赔偿精神损失费2000元。

虽然李翠岚坚称自己没错，但法院仍然依法作出了判决，支持了严夏的诉讼请求。而这件事情过后，井阳因妻子在单位严夏大闹，还被告上法庭，让他大丢面子，坚决要离婚。而李翠岚终于认识到这段婚姻已经无法挽回，最终同意与井阳离婚。

律师解答

《民法典》第一千零二十四条第一款规定，任何组织或个人不得以侮辱、诽谤等方式侵害他人的名誉权。名誉权属于人格权的一种，与我们的人格尊严息息相关。无论是什么样的人，都享有名誉权。在本案中，严夏虽然破坏了他人的家庭，在道德上应当受到谴责，但其名誉权同样受到法律的保护，并不会因其第三者的身份而丧失。李翠岚在办公场所公然向严夏扔鸡蛋、进行辱骂等，即使事出有因，也超出了合法的界限，给严夏的名誉造成了不良的影响。因此，李翠岚的行为侵害了严夏的名誉权，应当承担恢复名誉、赔礼道歉等民事责任。

本案中，严夏因名誉权被侵害而向李翠岚主张2000元的精神损害赔偿。

被侵权人在主张精神损害赔偿时，并不是其提出的任何数额都能得到法院的支持。根据《最高人民法院关于确定民事侵权精神损害赔偿责任若干问题的解释》第五条的规定，法院会在被侵权人所提出的数额范围内，根据法律的规定并结合侵权人的过错程度、侵权行为的具体细节、所造成的后果、侵权人的获利情况、承担责任的经济能力以及受理诉讼法院所在地的平均生活水平等作出合理的判决。

在这起闹剧中，最大的责任人应当是井阳。一方面，他作为丈夫，却没有履行婚姻的忠实义务，肆意发展婚外情，伤害了妻子李翠岚的情感；另一方面，他作为父亲，缺乏对女儿的关爱，没能尽到父亲的职责。而严夏明知井阳已有家庭，仍与他恋爱，她的行为无疑是不道德的，对上述事件的结果只有同样的责任。李翠岚原本应是最大的受害方，却因一时的冲动侵害了严夏的合法权利，被诉至法院，吃了官司。李翠岚应采取更加合法理智的方式维护自身权益，若逾越了合法的界限采取侵犯他人权益的方式来发泄自我情绪，则于人有害、于己无益。

心理解读

◎ **男方剖析**

井阳是一个非常自私的人。他结婚只是为享受婚姻带给他的便利，并没有想过为家庭付出什么。他在家当甩手掌柜，在外"风花雪月"，完全没有顾及妻子和孩子的感受。他还因为第三者，对妻子和孩子施加精神和身体上的暴力，对生病的孩子不管不顾等。井阳的所作所为让整个家庭都陷入恐惧之中，这也显示出他自身已处于"拧巴"的状态。他在外假装自己是一个小有成就、善于交际、左右逢源、文明礼貌的人，在家就会暴露出阴暗的一面，他会把负面情绪肆意地发泄在妻子和孩子身上。

井阳的性格隐藏了很多阴暗面，追根溯源，与他的原生家庭有关。他从小生活在父亲的家暴下，积累了很多负面情绪，家庭创伤很深，所以他回到家里就会勾起儿时的回忆，触动他的情绪按钮。他看到女方和孩子就会莫名烦躁，不自觉地就会用同样的方式对待她们。相应地，不和谐的家庭氛围才是他内心的舒适区，才符合他的潜意识认知，他想象不出一个和谐的家庭模式是怎样的。同时，井阳的内在是空虚、寂寞的。他不断地逃离家庭，寻求外界刺激，以此来获得存在感和价值感。

◎**女方剖析**

李翠岚感情经历很少，也是一个传统的女人，属于贤妻良母，这也是井阳同意与她结婚的原因。结婚后，她为了家庭和谐，让孩子有一个完整的家庭，面对丈夫的出轨，选择默默地隐忍。她的隐忍不仅没有得到丈夫的同情，反而让他变本加厉，越发觉得她好欺负，看不起她。李翠岚太在意她的丈夫，当她知道丈夫出轨后，并没有意识到他们的夫妻感情已经破裂，也没有意识到问题的核心在丈夫身上。丈夫已经对她失去兴趣，甚至是嫌弃她，有没有外人的介入已经不重要，出轨只是丈夫想让她死心的手段罢了。而面对丈夫的出轨，执着的李翠岚丧失了理智，感情用事，把所有的不满和愤怒都发泄到第三者身上，她不知道自己的行为已经触犯了法律，最终还要通过法庭调停纠纷。

李翠岚的潜意识认为，只要自己真心付出，丈夫就应该对自己为家庭的付出感恩戴德。而丈夫的出轨和第三者的出现与她过度理想化信念相悖，所以她把对丈夫的愤怒投射和转移到第三者身上。她对第三者的公然伤害，不仅是在减缓其内心的失落和愤怒，潜意识里也是在彰显自己的道德高尚。

◎**本案总结**

人与人之间没有高低之分，但道不同不相为谋，不同频无法相处。本案中的男女双方，本来就不是同一个世界的人，他们的思维方式完全不一样，只是在错误的时间遇到错误的人。男方从来就没有对女方动过真感情。

女方没有足够的智慧看清男方的真面目，又过于传统，不愿意接受现实，更没有足够的勇气和男方分开，带着孩子过新的生活，她只是任由命运推着自己往前走。希望女方经历了这次的教训，能意识到自己主导命运的重要性。

◎**心灵贴士**

人无远虑，必有近忧，当一个人没有长远规划，就不清楚自己的人生目标和方向，很有可能陷入迷茫，无意中就会走很多弯路。善良单纯的人更需要智慧和规划，不然，更容易被别有用心的人所利用，从而导致曲折、坎坷的人生。

法律链接

《中华人民共和国民法典》

第一千零二十四条 民事主体享有名誉权。任何组织或者个人不得以侮辱、诽谤等方式侵害他人的名誉权。

名誉是对民事主体的品德、声望、才能、信用等的社会评价。

《最高人民法院关于确定民事侵权精神损害赔偿责任若干问题的解释》

第五条 精神损害的赔偿数额根据以下因素确定：

（一）侵权人的过错程度，但是法律另有规定的除外；

（二）侵权行为的目的、方式、场合等具体情节；

（三）侵权行为所造成的后果；

（四）侵权人的获利情况；

（五）侵权人承担责任的经济能力；

（六）受理诉讼法院所在地的平均生活水平。

第三章

"钱财"虽属身外物，
却是婚姻中的重头戏

法学教授闹离婚，未分财产留隐患

> **题 记**
>
> 协议离婚后，双方应尽快分割财产，以避免日后发生纠纷或出现超过诉讼时效难以维权的情况。

案情重现

周日下午，风和日丽，街上的行人悠闲地享受着休息日的宁静，而彭荣却怀着复杂的心情等待前妻苏澜前来赴约。

他与苏澜离婚已经二十年了，女儿小妍都已经长大成人，两人之间更是多年没有联系。如今苏澜却突然打来电话，表明有重要的事情需要面谈，约他出来见面。

等了没多久，苏澜便来到了两人约定的地点。

如今的苏澜已经是法学院退休的教授，虽然多年没见，但她的行事作风并没有太大变化，仍然是从前那副风风火火的样子。苏澜刚一坐下，便直奔今天的主题："咱们离婚的时候有一套房子还没分，现在我要求重新分割房产，把我的那份拿回来。"

听了她的话，彭荣心中不太高兴。

两人结婚，还是20世纪80年代的事情。两人同在大学任教，经同事介绍后相识相恋，两年后步入了婚姻的殿堂。结婚头两年，两人还沉浸在新婚的浓情蜜意中。可随着时间的推移，两人因性格上产生的冲突也越来越多。

苏澜的观念比较"时髦"，善于接受新鲜事物，而彭荣性格比较木讷，苏澜常说他是个"老古板"。女儿出生后,苏澜听说进口奶粉质量高,便铆足劲儿要给女儿最好的。可夫妻二人只是大学老师,工资水平一般,难以承担每个月高昂的奶粉支出。苏澜借着时代的东风,决定凭借自己法律教师的身份,申请个律师证,挣点额外收入。

拿到律师证以后,苏澜就趁着没有课的时候去打官司、办案子,给企业老板出谋划策,忙得不可开交。时间一长,彭荣看不下去了。作为一名大学老师,他有着知识分子的傲气和清高,认为苏澜是一名大学老师,没有必要自降身价与这些素质不高的小老板、个体户打成一片。在他的心里,大学老师就是要踏踏实实地教书育人,把教育工作搞好了比什么都强。像苏澜这样既要教书又要打官司,三心二意的,最后什么也做不成。而苏澜从小兄弟姐妹众多,父母工作忙,她和兄弟姐妹被寄养在亲戚家里,生活很窘迫,也因为穷受过委屈。她觉得如今赶上了好时候,趁着能干多挣点钱,是很好的事。

为了这事儿,苏澜没少和彭荣吵架。可两人都很固执,谁都无法改变对方的想法。终于,苏澜觉得这样的生活并不是自己想要的,彭荣太过守旧,与他一起生活毫无激情。于是,她主动提出了离婚。离婚时,两人有一套房改房。当时这套房子价值不高,而苏澜又急着离婚,不想与彭荣过多纠缠,便没有分割这套房屋,直接带着女儿离开了。

事到如今,当年的房改房已经从 10 万元涨到了 500 万元。苏澜自然知道这件事,这也就有了今天的"谈判"。

"我去了解过,这套房子现在市价已经到 500 万元了,我也不跟你多要,就要本该属于我的那 250 万元。"苏澜提出自己的要求。

"咱俩离婚都二十年了,你早干什么去了?这诉讼时效都过去了,从法律上你已经放弃了这套房,我不同意分割。"彭荣毫不退让。

两人话不投机,不欢而散。苏澜可不会这么容易放弃,向彭荣表示她对房子享有的是物权,物权可是绝对权,不受诉讼时效的限制。彭荣不理会她,苏澜便以离婚后财产纠纷为由向法院提起了诉讼,搅得彭荣一家不得安宁。

好在,经过法院的调解,彭荣与苏澜都愿意各让一步。考虑到二人当年的夫妻情分,也考虑到还有一个共同的女儿小妍,彭荣向苏澜保证,在自己百年后，所有的遗产一定都留给小妍，不会留给再婚妻子。而苏澜也松了口，放弃要求分割房改房的权利，接受了彭荣分两年给付 100 万元的补偿。

律师解答

夫妻在离婚时，需要通过协议的方式，对共同财产进行分割。在分割财产前，应当对夫妻共同财产进行整理和汇总，以避免出现有财产忘记分割的情况，否则需要通过诉讼来解决纠纷。

根据《民法典》第一千零六十二条的规定，在婚姻存续期间获得的工资、奖金、劳务报酬，生产、经营、投资的收益，知识产权的收益等，都属于夫妻共同财产的范畴，只要夫妻双方没有其他关于财产分割的协议，在离婚时就应当对这些财产进行分割，双方对这些财产享有平等的所有权。

在本案中，彭荣与苏澜纠纷的对象是两人在婚内所获得的房改房。根据法律的规定，该套房屋是在两人结婚后获得的，是两人的共同财产，在离婚时，两人均有权对其进行分割。同时，《最高人民法院关于适用〈中华人民共和国民法典〉婚姻家庭编的解释（一）》第八十三条还规定，离婚后，一方以尚有夫妻共同财产未处理为由向人民法院起诉请求分割的，经审查该财产确属离婚时未涉及的夫妻共同财产，人民法院应当依法予以分割。彭荣与苏澜离婚时，均没有提出对该套房屋进行分割的问题，因此，该房屋属于离婚时没有处理的夫妻共同财产，苏澜享有请求分割的权利。

而苏澜与彭荣已经离婚二十年，经过这么长的时间后，苏澜还有权利请求对该房屋进行分割吗？这是本案的另一个争议焦点。

法律之所以规定诉讼时效，是为了督促当事人及时行使诉讼权利，避免司法资源的浪费。如果在诉讼时效内，当事人始终没有主张自己的权利，那么就应当视为其已经放弃行使权利，如果当事人向法院提起诉讼，另一方当事人有权以超过诉讼时效为由抗辩，拒绝履行义务。

但是，《民法典》第一百九十六条规定了不适用诉讼时效的几种情况：（1）请求停止侵害、排除妨碍、消除危险；（2）不动产物权和登记的动产物权的权利人请求返还财产；（3）请求支付抚养费、赡养费或者扶养费；（4）依法不适用诉讼时效的其他请求权。在这几种情况下，当事人不能提出诉讼时效的抗辩，而是应当依法履行义务。

本案中，该房屋属于苏澜与彭荣的夫妻共同财产，苏澜对该房屋所享有的是不动产物权。而苏澜向彭荣提出的分割房改房的主张，属于物权请求权，并不受诉讼时效的限制。也就是说，即使二人已经离婚多年，远远超出了诉讼时效期限，苏澜仍然有权利提出对该套房屋进行分割，而彭荣也理应配合。但是，该房屋经过多年的增值，价格已经远超两人离婚时的价值。对于具体的分割方案，还需要两人协商后再确定。

苏澜身为法学教授，却在冲动离婚时忽略了这套房产，给日后的纠纷留下了隐患。而对于普通人来说，更要在离婚时打起十二分的精神，保持理智和清醒，厘清需要分割的夫妻共同财产，避免自身的权利遭受损害。

心理解读

◎男方剖析

彭荣的性格是比较内敛、传统的，同时还有些清高。他对工作认真负责，认为作为大学老师就应该好好教书育人，不必为了金钱去做其他事情。他对自己的生活水平是知足的，期待可以和妻子相濡以沫，共度一生。当他看到妻子因为自己的欲望而不停地往外求索，自己不断地将就她，彭荣渐渐地就失去了和她共度余生的动力，他觉得妻子已然变成一个唯利是图的人。他始终保持一种清高的状态，在自己的社会地位上"稳坐泰山"，他看不惯妻子以律师的身份去服务社会上的"三教九流"。他的观念、认知都与妻子渐行渐远，所以他们的婚姻无法继续保持，当妻子提出离婚时，他也就没有拒绝。

◎女方剖析

苏澜的内心是缺爱的，她既好强又自卑。她从小被寄养在亲戚家里，生活很窘迫，长大后她为了赢得他人的认可，总是拼尽全力地去出人头地，以赢得更多的利益、赞美和影响力。她的身心状态是紧绷的、焦虑的、好强的。她为了掩饰缺爱以及没有安全感的状态，不得不假装强大甚至是强势，去应对外界的一切。这样的她，很难维系一段稳定的关系。

>> 第三章 "钱财"虽属身外物，却是婚姻中的重头戏

苏澜也是一个很现实的人，她想让自己和女儿过上优越的生活。当丈夫不能满足她的愿望时，她就会觉得他不是有能力的人，会心生不满甚至嫌弃。后来她出去兼职，自身经济条件也越来越好，圈子也越来越大。此时，心高气傲的苏澜更是觉得和丈夫没有什么必要维系貌合神离的关系，于是就提出了离婚。

◎ 本案总结

婚姻中，性格相投、三观一致的两个人才能同频，保持长久的良好状态。本案中，男方的性格温和，清高孤傲，崇尚宁静且富有哲思的生活方式；女方个性要强，行动力迅速，善于和不同的人打交道，在外面如鱼得水。他们的性格、喜好、金钱观、世界观都不一致，相处久了必然会出现摩擦。双方各有优点，也各有缺点，在他们的婚姻中没有对与错，错的是他们本来就不是"一路人"。可以看出，他们在离婚后都生活得不错，并且，在多年后因房产发生纠纷时能够接受调解结案，说明他们内心还保留着当时情感的余温。这些，多少令人欣慰。

◎ 心灵贴士

一段感情的经营需要双方的努力，同时还需要各种同频才能长久。想要获得同频，性格、观念、认知尤为重要。性格不合、观念不一，就容易产生"高攀"或"低就"感。高攀使人疲惫，低就使人乏味，所以还是平衡的状态最佳。如果实在不能平衡，那选择放手也不错。

法律链接

《中华人民共和国民法典》

第一百八十八条 向人民法院请求保护民事权利的诉讼时效期间为三年。法律另有规定的，依照其规定。

诉讼时效期间自权利人知道或者应当知道权利受到损害以及义务人之日起计算。法律另有规定的，依照其规定。但是，自权利受到损害之日起超过二十年的，人民法院不予保护，有特殊情况的，人民法院可以根据权利人的申请决定延长。

第一百九十六条 下列请求权不适用诉讼时效的规定：

（一）请求停止侵害、排除妨碍、消除危险；

（二）不动产物权和登记的动产物权的权利人请求返还财产；

（三）请求支付抚养费、赡养费或者扶养费；

（四）依法不适用诉讼时效的其他请求权。

第一千零六十二条 夫妻在婚姻关系存续期间所得的下列财产，为夫妻的共同财产，归夫妻共同所有：

（一）工资、奖金、劳务报酬；

（二）生产、经营、投资的收益；

（三）知识产权的收益；

（四）继承或者受赠的财产，但是本法第一千零六十三条第三项规定的除外；

（五）其他应当归共同所有的财产。

夫妻对共同财产，有平等的处理权。

《最高人民法院关于适用〈中华人民共和国民法典〉婚姻家庭编的解释（一）》

第八十三条 离婚后，一方以尚有夫妻共同财产未处理为由向人民法院起诉请求分割的，经审查该财产确属离婚时未涉及的夫妻共同财产，人民法院应当依法予以分割。

给付彩礼属于赠与，请求返还有法可依

题 记

结婚生娃后闹离婚，巨额彩礼可能不用返还。

>> 第三章 "钱财"虽属身外物，却是婚姻中的重头戏

案情重现

雨过天晴，温暖的太阳高悬，空气中还带着刚下过雨的湿气。韩颖站在法院门口，带着终于逃离丈夫罗勇"魔爪"的劫后余生的庆幸，与来接她回家的妹妹抱头痛哭。

时光倒回至五年前。韩颖通过领导介绍，与和她同龄的罗勇相识。在领导的口中，罗勇这个小伙子虽然性格比较木讷，但是为人忠厚老实，是个可靠的人。与罗勇见面后，韩颖见面前这个年轻男人相貌平平，鼻梁上还架着一副厚重的眼镜，与她心目中的理想对象相去甚远，便想在私下里向领导回绝这门亲事。

与韩颖不同的是，罗勇与韩颖一见面，便被她落落大方的举止与青春靓丽的外表吸引了。还没等韩颖有所表示，他便开始对韩颖大献殷勤，不仅每天到公司接送韩颖上下班，还时不时地约她一起出去吃饭。在日常的相处中，罗勇对韩颖十分体贴周到，事事都替她着想。不仅如此，罗勇还是个有生活情趣的男人，经常给韩颖制造一些浪漫的小惊喜。时间一长，虽然罗勇的外表并不是韩颖喜欢的类型，但他真诚的追求确实打动了韩颖的心，两人终于确定了恋爱关系。

正式成为情侣后，两人之间的感情迅速升温，而韩颖也发现自己怀孕了。当她把这个消息告诉罗勇后，罗勇二话没说，就决定与韩颖结婚，并承诺拿出 80 万元作为彩礼。韩颖在家排行老三，父母长年在外打工，其跟随爷爷奶奶长大。她把自己想结婚的事告诉了家里人，并得到了支持。韩颖笃定罗勇是个有责任感的好男人，便放心地与他步入了婚姻的殿堂。

可没想到的是，婚后罗勇对韩颖的态度竟然发生了一百八十度的大转变。韩颖发现，罗勇十分敏感多疑，经常因为生活中的小事大发雷霆。他很难控制住自己的情绪，有时脾气一上来，不顾韩颖怀有身孕，就对她拳打脚踢。甚至有一次，罗勇又因为一些家务事对韩颖破口大骂，还跑进厨房拿出菜刀，叫嚣着要砍死韩颖。韩颖的妹妹见状，连忙护着她逃了出去，并报了警。

这样的事情不胜枚举，韩颖报警的次数一只手都数不过来。可每次罗勇冷静下来，就会对自己之前的所作所为后悔不迭，一把鼻涕一把泪地请求韩颖的原谅，甚至还会给她下跪。罗勇还说，小的时候，父亲也总是打骂母亲和他们，那时候他痛恨父亲，现在他痛恨自己，发誓一定会改好。韩颖想到肚子里的孩子，总是忍不住心软。可过不了多久，罗勇就会故态复发，仍旧对韩颖又打又骂。

除此以外，罗勇还对前女友念念不忘。每次和韩颖吵完架，他都会吵着要和韩颖离婚，去找前女友结婚。当初前女友嫌弃罗勇视力太差，脑子也不聪明，担心影响下一代的基因，便与他分了手。这件事情给罗勇造成不小的打击，他也频繁地将对前女友的怨气发泄在韩颖身上。

罗勇不仅会伤害韩颖，还会伤害她的家人，经常对她的父母及亲戚进行辱骂，语言不堪入耳。孩子出生后，罗勇并没有因为孩子而有所收敛，反而变本加厉。为了孩子能够正常地成长，韩颖终于下定决心要离开罗勇，带着孩子摆脱这样的家庭环境。可每当她提出离婚，换来的却是罗勇更加激烈的拳打脚踢与辱骂。忍无可忍的韩颖趁罗勇不在家时，在亲戚的帮助下带着孩子从家里逃走，另外租房居住，正式与罗勇分居。

罗勇得知后暴跳如雷，想要把韩颖抓回来。但韩颖这次坚决不动摇，说什么也不回去。见事情已无回旋余地，罗勇倒打一耙，抢先向法院提起离婚诉讼，声称其婚前向韩颖支付了80万元的彩礼，该笔钱全部用来支付婚前所购买的、登记在韩颖一人名下的房屋的首付款。如今两人刚结婚不到两年就离婚，韩颖应当将彩礼或者房屋返还给他。

法院在了解案件事实后，组织两人进行了庭前调解。法官斥责了罗勇在婚内对韩颖实施家暴的行为，并依法向他说明了彩礼不能返还的理由。最终，在法官的调解下，韩颖和罗勇都同意离婚并达成了协议：孩子由韩颖直接抚养，罗勇每月向孩子给付2000元抚养费直到孩子年满18周岁；婚后各自的工资等财产归各自所有，各自的债务自行承担；韩颖无须向罗勇返还彩礼，该房屋归韩颖所有，并由她继续居住和偿还房贷；韩颖不要求罗勇因家庭暴力对其进行赔偿，也不再就房屋问题对罗勇进行补偿。

>> 第三章 "钱财"虽属身外物，却是婚姻中的重头戏

律师解答

彩礼是我国男女缔结婚姻时的一种习俗，所体现的是一方对另一方的诚意与爱护，一般来说应当视为对另一方的赠与，属于另一方的个人财产。但是，由于彩礼中所蕴含的特殊意义，这种赠与行为往往与缔结婚姻的行为绑定，如果缔结婚姻的目的没有达成，彩礼也应当予以返还。如果一方要求另一方返还彩礼被拒绝，可以向法院提起诉讼，当符合《最高人民法院关于适用〈中华人民共和国民法典〉婚姻家庭编的解释（一）》第五条规定的双方未办理结婚登记手续、双方办理结婚登记手续但确未共同生活、婚前给付并导致给付人生活困难时，其主张可以得到法院的支持。并且，《最高人民法院关于审理涉彩礼纠纷案件适用法律若干问题的规定》第五条规定，双方已办理结婚登记且共同生活，离婚时一方请求返还按照习俗给付的彩礼的，人民法院一般不予支持。

本案中，韩颖与罗勇已经结婚一年多，其间一直共同生活，并且生育了一个孩子。可以看出，两人不符合可以请求返还彩礼的情形，罗勇向法院请求判决韩颖返还彩礼不能得到支持。

在两人达成的协议中，还涉及婚前支付首付款、婚后共同还贷的房屋的归属问题。根据《最高人民法院关于适用〈中华人民共和国民法典〉婚姻家庭编的解释（一）》第七十八条的规定，离婚时，对于夫妻一方婚前用个人财产支付首付款、婚后用夫妻共同财产还贷购买但登记在支付首付款一方名下的房屋，由双方协议处理。不能达成协议的，法院可以判决该房屋归登记一方，尚未归还的贷款为其个人债务。双方婚后共同还贷支付的款项及其相对应财产增值部分，由不动产登记一方对另一方进行补偿。

罗勇将80万元彩礼给付给韩颖后，这些彩礼就成为韩颖的个人财产。也就是说，该房屋的80万元首付款是由韩颖独自支付的，该房屋应登记在她一人名下。根据上述规定可以看出，如果两人并未同意调解，而是由法院进行判决，该房屋也应当归韩颖所有，剩余未偿还完毕的贷款由韩颖继续支付。同时，韩颖还应当向罗勇补偿婚后共同还贷支付的款项及对应的

财产增值部分。

除此以外，罗勇在婚姻中还对韩颖实施了家庭暴力。根据《民法典》第一千零九十一条及《最高人民法院关于适用〈中华人民共和国民法典〉婚姻家庭编的解释（一）》第八十八条的规定，因实施家庭暴力导致离婚的，无过错方有权请求损害赔偿。当原告罗勇向法院提起离婚诉讼时，法院应当告知被告韩颖享有因遭受家庭暴力的损害赔偿请求权，可以在诉讼的同时要求损害赔偿。

当然，韩颖与罗勇的离婚纠纷最后以达成调解协议告终，关于彩礼、房屋分割、孩子抚养问题也达成了一致。可以说，本案中，作为受害一方的韩颖的权益得到了比较大的保护，这多少可以慰藉韩颖受伤的心灵。

夫妻之间本应和睦友爱、互相尊重、互相关心，而不是对另一半拳脚相加，将另一半当作发泄情绪的垃圾桶。在本案中，罗勇虽然结了婚，但并不明白该怎样成为一个好丈夫，既没有对家庭尽到应尽的责任，还给妻子的身心造成了损伤。而离婚时他倒打一耙抢先提起诉讼试图要回彩礼的行为，更可以看出他为人自私自利与情感上的淡薄。对于罗勇的这种行为，我们应当加以谴责，同时更应该加以思考，寻找夫妻之间正确的相处之道。

心理解读

◎男方剖析

罗勇是一个"心机男"。他对韩颖一见钟情，费尽心思地追求她。他掩藏自己的真实性格，在韩颖怀孕后，便反客为主，利用她渴望安全感的心理、被重视的需求，快速走进婚姻，然后就对她为所欲为。罗勇以为结了婚就可以对妻子全面操控，所以他婚后完全不避讳地展露出本性。他没有想到的是，年代不一样了，每个人的个性也不一样，现在的女性不太可能像他母亲一样忍受他父亲一辈子。

罗勇也是一个自卑、心智扭曲之人。他从小在父亲的家暴中长大，严重缺乏安全感，内在积压了很多情绪：恐惧、自卑、愤怒。这样的他，心理状态是很压抑的。他内心渴望幸福，现实中又无法保持稳定的情绪，总是用各种极端的方式破坏家庭亲情关系，毁灭全家人的幸福。当他逼走了自己在意的人，又会回到自我逃避、自我攻击、自我否定的循环中。所以他在伤害妻子后又懊悔、道歉，随后很快又继续进行伤害。

需要说明的是，实施家暴的人不一定是非常凶恶的人，只是他们的世界观很可能已经被扭曲。比如，他们从小生活在发生家暴的原生家庭里，只看到了不健康的相处方式，认知被限制住了，没有机会学习新的、健康的方式和喜欢的人相处。他们内心也非常脆弱，非常需要被理解、被关爱。

◎ **女方剖析**

韩颖在大家庭中长大，父母长年外出打工，其跟着爷爷奶奶生活，从小就没有得到太多的关注，所以她内心是非常渴望被重视、被呵护、被宠爱的。因此，虽然她一开始没有看上罗勇，但还是被他的殷勤打动。或许，她从来没有遇到过如此在意她的男人，她的内心得到了极大的满足。由于她自身的配得感不高，所以就会以为这就是她想要的感情。同时，她非常享受被追求、被重视的快感，即便这是短暂、虚幻，甚至是危险的快感。她在男方的甜言蜜语和细致谋划下陷入了温柔乡，一步一步走入了男方的计划。

◎ **本案总结**

人与人之间存在一种感应力。本案中，一开始女方没有看上男方就是因为双方心灵磁场不吻合。其实女方一开始的直觉是对的，但她后来被男方的言行蒙蔽了。从这里可以看出女方的心理性情也是不稳定的。她的人生阅历很浅，也不太知道自己需要什么样的生活方式、什么样的人生伴侣。

每个人都是在不同的家庭中长大，或多或少会有一些伤痛无法回避。在家暴家庭中长大的孩子，创伤是巨大的。所以有这样经历的人更需要自我成长及社会支持。衷心希望每一个从家暴家庭中长大的孩子都能找到最合适自己的成长方式，最终从家暴的创伤中走出来，把曾经的痛苦化为成长的资源，让自己获得安全感、归属感。

◎ **心灵贴士**

无论男女，都要在生活中修炼、成长，多结交正直、善良、情绪稳定的人。如果我们与智慧有德的人相处，经历和谐有爱的生活方式，就不容易被伪装的人所迷惑。同时，我们还要不断学习，增进阅历，唯有拥有广阔视野，人生才不会因为诱惑而迷失方向。

法律链接

《中华人民共和国民法典》

第一千零九十一条 有下列情形之一，导致离婚的，无过错方有权请求损害赔偿：

……

（三）实施家庭暴力；

……

《最高人民法院关于适用〈中华人民共和国民法典〉婚姻家庭编的解释（一）》

第五条 当事人请求返还按照习俗给付的彩礼的，如果查明属于以下情形，人民法院应当予以支持：

（一）双方未办理结婚登记手续；

（二）双方办理结婚登记手续但确未共同生活；

（三）婚前给付并导致给付人生活困难。

适用前款第二项、第三项的规定，应当以双方离婚为条件。

第七十八条 夫妻一方婚前签订不动产买卖合同，以个人财产支付首付款并在银行贷款，婚后用夫妻共同财产还贷，不动产登记于首付款支付方名下的，离婚时该不动产由双方协议处理。

依前款规定不能达成协议的，人民法院可以判决该不动产归登记一方，尚未归还的贷款为不动产登记一方的个人债务。双方婚后共同还贷支付的款项及其相对应财产增值部分，离婚时应根据民法典第一千零八十七条第一款规定的原则，由不动产登记一方对另一方进行补偿。

第八十八条 人民法院受理离婚案件时，应当将民法典第一千零九十一条等规定中当事人的有关权利义务，书面告知当事人。在适用民法典第一千零九十一条时，应当区分以下不同情况：

（一）符合民法典第一千零九十一条规定的无过错方作为原告基于该条规定向人民法院提起损害赔偿请求的，必须在离婚诉讼的同时提出。

（二）符合民法典第一千零九十一条规定的无过错方作为被告的离婚诉讼案件，如果被告不同意离婚也不基于该条规定提起损害赔偿请求的，可以就此单独提起诉讼。

（三）无过错方作为被告的离婚诉讼案件，一审时被告未基于民法典第一千零九十一条规定提出损害赔偿请求，二审期间提出的，人民法院应当进行调解；调解不成的，告知当事人另行起诉。双方当事人同意由第二审人民法院一并审理的，第二审人民法院可以一并裁判。

《最高人民法院关于审理涉彩礼纠纷案件适用法律若干问题的规定》

第五条 双方已办理结婚登记且共同生活，离婚时一方请求返还按照习俗给付的彩礼的，人民法院一般不予支持。但是，如果共同生活时间较短且彩礼数额过高的，人民法院可以根据彩礼实际使用及嫁妆情况，综合考虑彩礼数额、共同生活及孕育情况、双方过错等事实，结合当地习俗，确定是否返还以及返还的具体比例。

人民法院认定彩礼数额是否过高，应当综合考虑彩礼给付方所在地居民人均可支配收入、给付方家庭经济情况以及当地习俗等因素。

多年夫妻闹离婚，自建小楼遭分割

题 记

夫妻婚后在宅基地上建设的房屋，离婚时有权要求分割。

案情重现

"来，小刘，认识一下，这位就是我之前和你提到过的，我的侄女黄英！"

在姑父的介绍下，刚二十出头的黄英略带羞涩地看向对面这个看起来木讷老实的年轻人刘嘉。刘嘉与黄英的姑父是老乡，也是农村出身，只身一人在城市里谋生计。姑父见这个年轻人虽然不善言辞，但是心眼实，是个过日子的人，便把他介绍给了自己的侄女黄英。

黄英与刘嘉初次见面，对对方的印象都不错。姑父见两人之间有戏，又撮合两人见了第二次面。与刘嘉接触了几次之后，黄英认为他为人老实可靠，能吃苦，是个能靠得住的人，便向他表达了自己想要进一步发展的想法。而刘嘉也认为黄英为人干脆爽利，能说会道又有主见，与性格相对温和的他正好互补，也对她很有好感。两人一拍即合，就此确定了恋爱关系。待两人关系稳定后，便领取了结婚证，并分别在两人的老家风光地办了婚礼。

两人结婚时正处于 20 世纪 80 年代初期，改革开放政策逐渐普及全国，"下海"做生意的热潮席卷而来。黄英看准了这个时机，打算做些小生意，并把这个计划与刘嘉商量。在这种大事上，刘嘉总是拿不定主意，便全都交给黄英做主。黄英曾是家里的大姐，照顾一众弟妹，处事能力很强，也很有魄力。黄英观望了一下形势，发现正值城市发展时期，从公家到个人都在大兴土木，要是能在这个关头买卖建筑材料，肯定能大赚一笔。她说干就干，和刘嘉一起开了一家建材店。她会来事儿，负责采购和发展客户。而刘嘉勤劳肯干，负责建材的运输。在小夫妻两人的经营下，建材店生意做得越来越好，规模也越来越大。婚后没几年，两人又生育了一女一子，小日子过得红红火火。

可随着手里的积蓄越来越多，孩子越长越大，黄英和刘嘉之间的矛盾也变得多了起来。两人平时争吵的重点，第一个就是子女的教育问题。黄英做了几年生意，接触的人多，思想越发开放，认为男孩女孩都一样，都要重点培养，想要努力为两个孩子提供更好的教育条件。而刘嘉思想则比较落后，觉得只有儿子才能继承香火，女儿只要给口饭吃，长大以后把她嫁出去就行

>> 第三章 "钱财"虽属身外物,却是婚姻中的重头戏

了。思想上的巨大差异让两人矛盾频发,每次黄英送女儿去上课外班,刘嘉的心里都不痛快,觉得是在浪费钱,总要和黄英闹点不愉快。

除了子女的教育问题以外,两人在金钱上也渐渐有了分歧。黄英虽然学历不高,但是眼光独到、行动力强,她选择的建材行业很快就在当时的时代背景下成了热门,两人的建材店在当地也有了稳定的客户源。这收入一多,刘嘉便有了别的心思,认为家里的财政大权都由黄英一人把持着,有损他作为男人的面子。夫妻之间暗流涌动,再也不像刚结婚时那样劲儿往一处使,几乎是五天一大吵、三天一小吵。对于这样的婚姻生活,黄英觉得很疲惫,多次提出想要离婚。可刘嘉只是想挽回自己男人的尊严,在家里当家作主,并不想结束这段婚姻。在一次激烈的争吵中,刘嘉一怒之下撕毁了两人的结婚证,认为这样黄英就会踏踏实实地和他过日子了。

经过思考,黄英觉得刘嘉这么多年也没什么长进,并且和她存在太多观念上的不合,无法在一起继续生活,决心要起诉离婚。刘嘉见已经无法继续挽回黄英,离婚几乎已成定局,心中开始打起了两人村里那套自建房的主意。这套自建房原本在刘嘉父亲名下,自从父亲去世后,刘嘉就成了这套房子的主人。他与黄英结婚前,这套房子还只是套年代久远的旧房。在两人的努力下,才将这套房子推倒重建,成了现在漂亮的五层小洋楼。结婚时没有互联网登记,如今结婚证损坏,结婚登记的存档原件也因时间久远找不到了,对于刘嘉来说,这简直是绝好的机会。他决定否认与黄英结过婚,坚称两人是同居关系,这样就可以独占这套房子的所有权,让黄英"净身出户"。

黄英自然不甘心自己多年的奋斗付诸东流。为了证明她与刘嘉的婚姻关系存在,她收集了户口本、户籍证明、婚育证明、子女出生证等多种材料,想要通过间接证据来否认刘嘉的主张。法院在经过审理后,认定黄英所提供的证据足以证明她与刘嘉之间存在合法的婚姻关系,如今两人感情破裂,判决两人离婚。而该套自建房为两人婚后所建,属于夫妻共同财产,应当在离婚时予以分割。最终,法院判决该自建房的三、四层归刘嘉,一、二、五层归黄英。

律师解答

根据《民法典》第一千零四十九条的规定，男女之间要缔结合法的婚姻关系，必须办理结婚登记。而办理结婚登记后所领取的结婚证就是证明合法婚姻关系存在的直接证据。

同时，法律在一定范围内还承认事实婚姻关系的效力。从《最高人民法院关于适用〈中华人民共和国民法典〉婚姻家庭编的解释（一）》第七条的规定可以看出，以 1994 年 2 月 1 日这个时间为节点，在此之前结婚的，尽管没有办理结婚登记，只要双方以夫妻名义共同生活，就可以认定其存在事实婚姻关系，同样能够得到法律的保护。

除了离婚，婚后迁移户口、办理准生证、给孩子上户口等都需要夫妻提供结婚证，足见结婚证的重要性。夫妻在领取结婚证后要妥善保存，避免丢失，更不能损坏。在本案中，黄英与刘嘉在结婚时办理了结婚登记手续，领取了结婚证，但刘嘉将结婚证毁损，再加上结婚登记存档原件丢失，导致他们面临难以离婚的困境。此时需要其他间接证据证明双方之间婚姻关系的存在。黄英通过收集户口本、户籍证明、婚育证明、子女出生证等多种材料证明了她与刘嘉之间存在合法的婚姻关系，也得到了法院的认可。

根据《民法典》第三百六十二条及《土地管理法》第六十二条的规定，宅基地的所有权属于村集体，村民对其拥有使用权。并且，该使用权是以"家庭户"为单位的。本案中，刘嘉父亲去世后，其家庭里在本村户籍的其他成员当然对原宅基地还拥有使用权，因此，刘嘉夫妇将宅基地上的旧房推翻重盖属于合法行为。

《民法典》第二百三十一条规定，因合法建造、拆除房屋等事实行为设立或者消灭物权的，自事实行为成就时发生效力。也就是说，抛开宅基地的使用权不谈，单就宅基地上所建造的房屋来讲，自建成时即取得所有权。那么，对于刘嘉夫妇来讲，在他们房屋建成时，两人就拥有了该房屋的所有权，且为夫妻共同财产。此外，根据房产分割与买卖时"房随地走"的原则，两人在离婚后意味着"分户"，那么在分割房产时，也需要将房屋下面的宅基地使

>> 第三章 "钱财"虽属身外物,却是婚姻中的重头戏

用权份额进行分割,这样可以更有效地解决不动产分割问题。因此,法院判决该自建房的三、四层归刘嘉,一、二、五层归黄英,可以理解为将五层小楼下的宅基地使用权份额也进行了分割。但是,由于该宅基地上面建设的是楼房,各层互相依托,不可单独拆除,因此,即便此次法院对房屋等进行了分割,以后房屋相关所有权人还可能发生新的纠纷。日子本来是和和美美的,如果他们夫妻二人白头到老,那么该自建房也会完完整整"传"下去,不会面临"分崩离析"的局面。

回首黄英与刘嘉夫妻过去,二人明明共同度过了创业的艰难时期,却在应享受奋斗果实之时产生矛盾而遗憾分开。造成这一结果的原因不仅是夫妻两人随时间流逝而改变的心态,还有夫妻之间缺乏沟通、理解、体谅的相处方式。对于黄英来说,她忙于事业,难免疏忽了对家庭的经营;对于刘嘉来说,他落后的思想与无视妻子付出的态度是造成两人离婚的关键。当产生分歧时,夫妻双方第一时间要做的是保持理智、多多沟通,共同面对问题、解决问题,而不是一味地争吵。

心理解读

◎ **男方剖析**

刘嘉的自尊心很强,他很想证明自己是有能力的,但因为妻子黄英执行力很强,一马当先做了很多,没有给他更多发挥的机会,就觉得很憋屈,觉得自己的能力没有得到发挥,一直都活在妻子的制约下。他总想赢得一些话语权。同时,他的思想也比较落后,觉得儿子需要重点培养,女儿差不多就好。这个观念的背后隐含着男尊女卑的观念。之所以他坚持这样的观念,不仅源于其思想陈旧,还在于他的潜意识里想赶超女性。他知道自己不如妻子优秀,如果儿子比女儿优秀,他也觉得自己作为男人、作为父亲,将很有面子。

同时,刘嘉也是格局很小的人。他撕毁两人的结婚证,想留住他们的婚姻。而后,面临无法挽回婚姻的局面时,他又将"没了结婚证"的事实运用到了独吞自建房上面,想让妻子"净身出户",可见其格局之小。

◎ **女方剖析**

黄英敢闯敢拼，能力也很强。她在家庭里排行老大，有很好的领导力和执行力，习惯了什么事都自己扛，所以她的社会形象是能干、聪明、能说会道。她无论是在家庭里还是事业上，都是强者的角色，拥有绝对的话语权。因为她能力很强，在世俗层面很成功，所以她也会因此觉得丈夫没有什么能力，配不上自己。一旦她的意念形成，就会无形中在事业和生活上表现出对丈夫的不屑和嫌弃，她的意念和语言所形成的攻击会对丈夫造成伤害。

此外，黄英不懂夫妻相处之道，不懂夫妻关系的经营需要技巧，更不懂男人需要被欣赏和鼓励。她性格单一，家里家外都是刚强的一面。她愿意包揽一切，让丈夫没有用武之地。而丈夫在家里没有真正的话语权和存在感，就会容易引发他的不满，容易陷入二元对立。

◎ **本案总结**

中国有一句老话："家和万事兴。"只有家庭和谐了，家族才能真的兴旺发达。家从来不是讲对错、讲高低、讲道理的地方。唯有爱能让家有持续发展的动力，有了爱，我们就会懂得什么时候闭嘴，什么时候示弱，什么时候让位。

本案中，男方看不惯女方什么事情都得心应手，一副春风得意的样子，他就想让女方失去控制权。而女方又没有女性柔美温暖的气质，不懂夫妻相处之道。他们无论是事业合作还是家庭关系都不是和谐、互补的，而是竞争关系。他们都在证明自己更有能力、更可以独当一面。这样的男女双方如果不做出改变，是很难维系家庭和谐的。

◎ **心灵贴士**

要知道，当家庭和谐的时候，家庭内几个人就会团结在一起，产生的能量会远远大于个体能量之和；如果家里的能量是冲突、分裂、不和谐的，那么无论我们拥有多少财富，都很容易散去。如果没有和谐的关系，我们就不是活在喜悦的生命状态里，也不会拥有丰盛的财富，或者即便拥有了财富内心也会越来越孤独、空虚、冰冷，甚至过着如同孤岛般的生活。

>> 第三章 "钱财"虽属身外物，却是婚姻中的重头戏

家是寻求安全感、是充电的地方，只有我们都发自真心守护这个家，用爱守护家庭内每个人，家才会成为疗愈我们的存在。

法律链接

《中华人民共和国民法典》

第二百三十一条 因合法建造、拆除房屋等事实行为设立或者消灭物权的，自事实行为成就时发生效力。

第三百六十二条 宅基地使用权人依法对集体所有的土地享有占有和使用的权利，有权依法利用该土地建造住宅及其附属设施。

第一千零四十九条 要求结婚的男女双方应当亲自到婚姻登记机关申请结婚登记。符合本法规定的，予以登记，发给结婚证。完成结婚登记，即确立婚姻关系。未办理结婚登记的，应当补办登记。

《最高人民法院关于适用〈中华人民共和国民法典〉婚姻家庭编的解释（一）》

第七条 未依据民法典第一千零四十九条规定办理结婚登记而以夫妻名义共同生活的男女，提起诉讼要求离婚的，应当区别对待：

（一）1994年2月1日民政部《婚姻登记管理条例》公布实施以前，男女双方已经符合结婚实质要件的，按事实婚姻处理。

（二）1994年2月1日民政部《婚姻登记管理条例》公布实施以后，男女双方符合结婚实质要件的，人民法院应当告知其补办结婚登记。未补办结婚登记的，依据本解释第三条规定处理。

《中华人民共和国土地管理法》

第六十二条 农村村民一户只能拥有一处宅基地，其宅基地的面积不得超过省、自治区、直辖市规定的标准。

……

岳父母支付首付购房，女婿意图侵占未得逞

> **题　记**
>
> 子女结婚买房，父母支付首付款，如果没有明确约定只赠与自己子女一方或赠与双方，容易产生纠纷。

案情重现

"我们离婚吧！"

经过这段时间的吵闹，严悦终于下定了决心，对正在客厅玩游戏的丈夫郑帅提出了离婚。

没想到，郑帅连看都没看她一眼，注意力仍然集中在手里的游戏上，口中说道："离婚也可以，但是咱们得先说好，孩子我可以不要，但这套房子房本写的可是我一个人的名字，是我的个人财产，得归我！"

"可是房子的首付是我爸妈出的钱啊！"严悦着急道："再说了，我们结婚这些年，我爸妈对我们的帮忙少吗？你总不能一点都不念他们的好吧？"

"那我不管，反正现在房本上只有我一个人的名，法律上这套房子就是我的，我愿意把结婚以后还房贷的钱还给你就很不错了！"郑帅不仅没有被严悦的话说动，还更加理直气壮了。严悦不敢相信当初和她恩爱甜蜜的丈夫现在竟然会变成这样，一时间又生气又难过，冲回卧室掩面哭泣起来。

十年前，严悦参加工作后认识了同一个单位的郑帅。严悦是家里的独生女，性格天真且单纯，很招人喜欢。郑帅自小在山村长大，靠自己的努力考上大学、进入城市工作，承载着家里的希望。两人认识后，严悦欣赏郑帅阳

>> 第三章 "钱财"虽属身外物，却是婚姻中的重头戏

光开朗有上进心，而郑帅则喜欢严悦的漂亮文静，没过多久就心照不宣地发展成了恋爱关系。

严悦与郑帅恋爱两年，感情一直很稳定，也开始考虑起了结婚的事情。结婚前，两人准备买婚房。郑帅家里经济条件不好，拿不出钱来给他买房，郑帅自己手里也没什么钱。严悦家里经济条件相对较好，她父母愿意随时给她买房。但是，由于严悦与郑帅工作的城市实行房屋限购，需要在当地缴满五年社保才能拿到购房资格，严悦缴纳社保的年限不够，没有购房资格。她父母基于这种情况，就没有给她买房。现在，他们打算结婚了，买房的事也提上了日程。于是，两人在商量过后，决定向严悦的父母借钱交首付，再以郑帅的名义（郑帅具备购房资格）在市里购买一套房屋作为婚房。

严悦的父母听说孩子们要跟他们借钱交首付，便说："这钱不用你们还，给你们了！"于是，严悦和郑帅拿到严悦父母给的五十万元，付了房屋首付款。

严悦与郑帅结婚后一年多，便生下了儿子，严悦的父母搬过来一起照顾小孩。可当儿子出生后，郑帅性格中的弊端逐渐显现。郑帅是家里最小的孩子，从小受尽父母的宠爱与吹捧，很没有担当和责任心，遇到困难总想逃避。特别是在家庭方面，儿子出生后家里的事情多，他便总以加班、和朋友聚会等作为借口，每天很晚才回家，逃避带孩子的责任。即使在回家后，郑帅也是打游戏、上网，拒绝和家人交流感情。

长此以往，严悦对郑帅很有意见。但每当她想和郑帅沟通时，他都表现出一副油盐不进的样子。这让两人之间的感情出现了裂痕。严悦的父母先后生病，郑帅也从未尽到作为女婿的职责，甚至对病中的两位老人百般嫌弃，不肯帮忙照顾。严悦对郑帅很失望，两人的感情进一步冷淡下来。

除此以外，郑帅还是一个非常好面子的人。因为住着岳父母支付首付款买的房子，他总害怕别人说他"吃软饭"，结婚后很少回老家。在父亲生病后，他也只是云淡风轻地向严悦提了一次，让严悦以为公公的病情并不严重。可实际上，郑帅父亲早已病入膏肓，对儿媳妇不加问候的表现很有意见。严悦曾经多次提出要去看望郑帅的父亲，可郑帅却并不想让她知道自己家庭不

好的一面，屡次拒绝。

令两人决裂的导火索是郑帅父亲去世。父亲去世后，郑帅受到了很大的打击。由于悲痛过度，他开始逃避接受这件事，并将父亲病重的责任都推给了别人，包括严悦。他经常抱怨严悦不去照顾父亲，并因此情绪崩溃，大喊大叫着要离婚。严悦体谅他刚失去父亲，想要安慰他，但郑帅却拒绝沟通，赌气将自己的行李都搬到了客厅，与严悦分房居住。

严悦毕竟只是一个普通的女人，她想要的只是家庭和谐而已。见郑帅这样，她也不想再继续委屈自己和他过日子，便提出了离婚。可没想到，郑帅却想霸占两人的婚房，这让她无法接受。于是，严悦向法院提起了离婚诉讼，要求取得婚房的所有权，并愿意向郑帅支付分割房屋的补偿款。

最后，此案经法院调解结案。两人的孩子由严悦直接抚养，郑帅每月应当支付 3000 元的抚养费。房屋归严悦所有，严悦向郑帅支付相应的补偿款。

律师解答

男女双方结婚后，所获得的财产属于法律所规定的夫妻共同财产范围的，应当认定为夫妻共同财产，由夫妻二人共同所有，并享有平等的处理权。当双方离婚时，应当对夫妻共同财产进行分割。双方可以在协商后拟定财产分割协议，无法达成协议的，可以向法院提起诉讼，由法院作出判决，对夫妻共同财产作出分割。

在夫妻共同财产中，房屋作为价值较高的不动产，无疑占据着重要的地位。在离婚诉讼中，房屋如何分割也是争议的焦点所在。本案中，严悦和郑帅在离婚时，就对二人所居住房屋的归属产生了纠纷。此时，要判断该房屋是否属于夫妻共同财产就成为解决问题的关键。

本案中，郑帅说房屋只写了他一人的名字就是他的，这显然是不对的。他们当初购买房屋时，虽然还没有结婚，但是基于两人的合意一起购买，并且还是一起向严悦父母借的款。这表明，虽然房屋只登记了其中一人的名字，但实际也为共同购买房屋，如果仅以登记的名字就认定房屋为个人财产，明显不公平。况且，婚后两人共同偿还房屋贷款，这些都足以证明该房屋为两人的共同财产。

在此，或许有人会提出疑问：首付款是严悦父母给的，那首付款对应的房屋价值是不是应该属于严悦的个人财产？

根据《最高人民法院关于适用〈中华人民共和国民法典〉婚姻家庭编的解释（一）》第二十九条第一款的规定，在婚前买房，一方父母的出资会被依法认定为对自己孩子的赠与，那就是意味着该出资对应的房产部分属于自己孩子的婚前个人财产；但是明确赠与双方的，则为夫妻共同财产。

严悦和郑帅的房屋属于婚前购买，他们在商量买房的时候，是以共同的名义向严悦父母借钱交的首付款，而在借款的过程中，严悦父母表示"钱不用你们还，给你们了"，意思即为将这笔钱赠与两人。那么，即便该房屋属于婚前购买，也属于共同财产。如果他们没有向严悦父母借钱，严悦父母直接给他们购房交了首付，也没有明确说钱是给两人的，那么首付出资应为对严悦个人的赠与，首付款对应的房屋价值归严悦所有。但是，事实不是这样，两人一起去借钱，父母又表示不用他们还，是赠与他们，这就属于"父母明确表示赠与双方的除外"的情形。

那为什么房屋最后归严悦所有呢？首先，本案属于调解结案，在双方合意之下，房屋给谁都是可以的。其次，相应法院在给出调解建议的时候，考虑到该房屋的首付款为严悦父母所出，且当初购房时之所以没有写严悦的名字，是因为受制于房屋限购政策，并不是当事人心甘情愿的。房屋首付款数额不算小，显然让严悦得到房屋产权更公平。当然，由于是夫妻共同财产，严悦在得到房屋产权后，应对郑帅作出相应的补偿。

在夫妻关系中，夫妻双方互相帮助、互相扶持是必不可少的。对于生活中可能遇到的困难，无论是丈夫还是妻子，都应当承担起属于自己的那一部分责任，并帮助另一方分担生活中的重担。本案中，郑帅在婚姻中并没有很好地尽到身为丈夫的责任，而是一味地逃避，导致夫妻之间沟通不畅，最终感情破裂。在分割夫妻共同财产时，郑帅也没有顾虑到夫妻情分，而是将自私自利贯彻到底，这样的行为是不成熟的，同时也会损害严悦的权益。夫妻在婚姻中应多为对方着想，互相关心、互相体谅，共同构筑和谐的家庭氛围。

心理解读

◎ **男方剖析**

郑帅是一个很自卑的人。他想过优越的日子,渴望享受生活,却总是害怕付出真情,怕别人了解真实的自己后会嫌弃他,所以总是掩藏真实的自己,不敢面对自己的父母和老家的亲戚,也不敢面对妻子及岳父母。他内在是拧巴的,所以才会把一段别人看起来很美好的婚姻关系毁掉。

郑帅也是一个极度自私、不负责任的人。他利用自己的优势取悦别人,过自己想要的轻松优越的生活。当他听到妻子提出离婚时,还妄图霸占岳父母支付首付款购买的婚房,不承认岳父母的付出。他的极度自私造成他的世界观以及金钱观都是扭曲的,处处只考虑自己的利益,既不想付出真正的感情,又想得到最高的利益,完全不考虑别人的感受。

◎ **女方剖析**

严悦性格单纯、善良,但社会阅历太少,导致其容易被心思复杂的男人迷惑。她一旦陷入男人创造的"温柔乡"里,就以为自己得到了真爱,遇到了可以托付一生的良人。

严悦虽然单纯,却不失理智。在她慢慢察觉出丈夫的问题后,懂得及时止损,提出离婚。在丈夫提出霸占婚房时,她勇敢地向法院提起了离婚诉讼,要求取得婚房的所有权,并愿意向丈夫支付分割房屋的补偿款。这说明经历婚姻坎坷的严悦成长了,做事情变得有理有节。

◎ **本案总结**

从心理学角度来看,与其说是男方的自私造成了离婚的结果,不如说是其自卑感注定了这样的结局。男方为了掩饰自己的自卑,而去做了很多证明自己"强大"的事情,比如娶了一个善良美丽的妻子,过上优越的日子。但他内在的配得感很低,所以他会有很多不可思议的行为,创造了很多"剧情",最终毁掉了自己的婚姻。

另外,从女方的角度我们也可以看出:女性要有一定的阅历,不能人云亦云,要有一定的思维深度才不容易被肤浅的男人所迷惑。人活着,需要不断地成长才能避开很多风险。单纯是一种福报,但我们还是要成长,要学会看人和事,才能成为既成熟笃定又简单通透的人。

◎心灵贴士

一个过度自卑的人最终还是会把自己的人生过成一个"悲剧"。他们的内心深处没有爱,很害怕和别人建立真正的关系,害怕别人会嫌弃真正的他们,所以他们总是掩藏真实的自己,让别人永远无法接近。他们把自己禁锢起来,最终导致身边的人因为感受不到他们的温度而离去。

摆脱自卑,或许能活出另外一片新天地。

法律链接

《中华人民共和国民法典》

第一千零六十二条 夫妻在婚姻关系存续期间所得的下列财产,为夫妻的共同财产,归夫妻共同所有:

(一)工资、奖金、劳务报酬;

(二)生产、经营、投资的收益;

(三)知识产权的收益;

(四)继承或者受赠的财产,但是本法第一千零六十三条第三项规定的除外;

(五)其他应当归共同所有的财产。

夫妻对共同财产,有平等的处理权。

第一千零八十七条 离婚时,夫妻的共同财产由双方协议处理;协议不成的,由人民法院根据财产的具体情况,按照照顾子女、女方和无过错方权益的原则判决。

……

《最高人民法院关于适用〈中华人民共和国民法典〉婚姻家庭编的解释(一)》

第二十五条 婚姻关系存续期间,下列财产属于民法典第一千零六十二条规定的"其他应当归共同所有的财产":

（一）一方以个人财产投资取得的收益；

（二）男女双方实际取得或者应当取得的住房补贴、住房公积金；

（三）男女双方实际取得或者应当取得的基本养老金、破产安置补偿费。

第二十九条 当事人结婚前，父母为双方购置房屋出资的，该出资应当认定为对自己子女个人的赠与，但父母明确表示赠与双方的除外。

……

丈夫向妻子借钱出具欠条，离婚时妻子有权主张还款

题 记

夫妻之间订立借款协议的，离婚时可以按照借款协议的约定处理。

案情重现

卢雨婷大学毕业后进入一家公司工作。在工作中，她认识了在隔壁部门工作的马明。虽然马明比卢雨婷要大上七八岁，但在卢雨婷看来，成熟风趣的马明更让她有好感。而马明也注意到了这个新来的小女生，对她颇加照顾，在工作上时常与她有来往。一来二去，两人便熟络起来，有时私下里也会来往，谈一些生活上的趣事。

随着两人的交情越来越深，卢雨婷对马明也越来越了解。在两人平时的交流中，卢雨婷得知，马明有过一段失败的婚姻，如今一个人艰难地抚养儿子。见他一个大男人独自带着儿子生活，没有人帮衬，卢雨婷对马明在好感之余，又多了一丝同情和怜惜。在马明的不断示爱下，卢雨婷接受了他的追求，两人正式确定了恋爱关系。

>> 第三章 "钱财"虽属身外物，却是婚姻中的重头戏

就在卢雨婷和马明恋爱还没几个月的时候，公司组织了一次两天一夜的团建活动。第一天结束后，大家的兴致都很高，相熟的同事自发地在一起聚餐喝酒，卢雨婷与马明自然也参与其中。在气氛的烘托下，卢雨婷不知不觉地喝了不少酒，不胜酒力的她很快就醉得不省人事。而作为男朋友的马明便自告奋勇地承担起了照顾卢雨婷的责任。当天夜里，马明留宿在卢雨婷的房间内，两人的关系更进了一步。

这件事后没多久，卢雨婷就发现自己总是嗜睡、恶心，一向准时的生理期也延后了半个月。她想起团建时与马明一起度过的那一夜，顿时慌了神。下班以后，六神无主的卢雨婷首先找到了马明，将自己可能怀孕的消息告诉了他。马明对此却表现得云淡风轻，他让卢雨婷不要紧张，先去医院做个检查，如果真的怀孕了，他一定会负责任的。马明的话让卢雨婷安下心来，她听从马明的建议前往医院，检查结果显示她果然怀孕了。虽然这个消息来得很突然，但卢雨婷抱着对马明的爱意以及对未来生活的憧憬，仍然觉得十分幸福。

可令她没想到的是，直到女儿出生，两人已经同居多时，马明却始终没有提结婚的事情。卢雨婷曾多次向马明表示，但总是被他以各种各样的理由搪塞过去，甚至还表示自己因上一段婚姻受了伤，不想再结婚，能这样共同生活就很好了。虽然心里焦急，但卢雨婷为了孩子，只能忍受这样的生活状态。时间飞逝，眼看两人的女儿就要上学，必须给她上户口了。马明这才向卢雨婷坦白，他与前妻只是处于分居状态，其实还没有离婚。卢雨婷蒙了，自己竟然在不知情的情况下成了别人婚姻中的第三者，一时间遭受了巨大的打击。可为了孩子着想，她只能放低姿态，央求马明与前妻离婚。马明最终同意。

又令人没想到的是，正式与卢雨婷结婚以后，马明彻底原形毕露了。他很快就厌倦了卢雨婷，转而投向了其他女人的怀抱。马明每次出轨都不避讳，总是闹得人尽皆知，让卢雨婷十分下不来台。

连续发现几次马明出轨的事实后，卢雨婷开始反思这几年与马明之间的关系。女儿出生以后，马明对女儿并不关心，每次女儿生病，都是卢雨婷忙前忙后地带女儿去医院。两人恋爱时乃至结婚后，马明总是向她借钱，每次

借钱时都会打欠条，承诺不久后会归还，但从未兑现过承诺。虽然他每次借钱的金额不大，但长年累月也累积了不少。维持与马明之间的婚姻关系，既无法让卢雨婷获得生活上的庇护，也无法让她得到情感上的支持。想到这里，卢雨婷终于下定决心离开马明，向法院提起了离婚诉讼。

卢雨婷向法院提出要求马明偿还婚内所借的欠款，并向法院提交了马明出具的欠条作为证据。面对证据，马明百口莫辩，只能承认借款事实存在。法院在经过审理后，认定两人的感情已经破裂，判决两人离婚，女儿由卢雨婷直接抚养，马明每月向女儿支付抚养费直至女儿成年。此外，马明还应当按照欠条上所标注的金额，向卢雨婷偿还借款。

律师解答

本案中，马明在婚前及婚后，都曾经向卢雨婷借过钱，并且写下了欠条，承诺会归还。对于婚前的借款，毋庸置疑，那是卢雨婷的个人财产，马明应予归还。而对于婚后的借款，马明是否应该归还呢？

马明在与卢雨婷结婚后，向其借款时仍然出具欠条，并承诺不久后会归还。那么，依据《最高人民法院关于适用〈中华人民共和国民法典〉婚姻家庭编的解释（一）》第八十二条的规定，离婚时就应该按照借款协议的约定处理，即还给卢雨婷。并且，据借款协议推定，马明和卢雨婷已经就该借款作出了约定处分，即该借款为卢雨婷一方所有，那么，即便最后马明归还了借款，也不能主张就该借款作为夫妻共同财产予以分割。总之，当两人离婚时，除了要对夫妻共同财产进行分割外，马明还应当根据欠条中标明的金额，向卢雨婷偿还其所借的借款。

在婚姻关系中，夫妻之间应该互帮互助，切忌互相算计。卢雨婷一直恪守着妻子的本分。而马明先是隐瞒了自己尚未离婚的事实，欺骗卢雨婷的感情，让她未婚先孕，又多次向卢雨婷借钱，企图侵占她的财产。对于马明的行为，不能仅要求他承担法律上的义务，更要对他进行道德上的谴责，让他认识到自己行为的错误。而卢雨婷保存马明所写欠条的行为虽说失去了夫妻之间的信任，却是维护自己权利的无奈之举。

>> 第三章 "钱财"虽属身外物，却是婚姻中的重头戏

心理解读

◎ **男方剖析**

马明是那种很会运用自己的小聪明和自己的特色去取悦女性的人。他看中卢雨婷是因为她单纯，可以为他利用。他认识卢雨婷后，先是取悦她，博取好感，然后伪造自己的故事让她以为他生活不容易，进而心生怜惜，让她误以为他是好爸爸、好男人，可谓心机之重。他通过伪造经历，博取同情的方式，一步一步走进卢雨婷的心里，赢得她的信任，使她完全相信了他的苦情戏。

马明也是一个既虚伪又花心的男人。他对每一段感情都没有真正地投入。他只是想证明自己，通过与不同女人建立亲密关系来满足自己的欲望和虚荣心。这样虚伪的男人虽不多，但杀伤力很大，社会影响很不好。

◎ **女方剖析**

卢雨婷的人生阅历比较少，较为单纯、善良，容易轻信他人。她得知马明是单亲爸爸，也没有多去了解他为什么离婚。从马明过去的经历是可以看出他的人格品质和个性特征的，但卢雨婷忽略了这一点，这也是尤为重要的一点。

了解一个人的人格品质、个性特点、以往经历、原生家庭等，不能只凭对方所说的话，而要与他的家人、亲戚、朋友、同事多接触，侧面了解他的真实样子。这可能需要更多的时间，却是很有必要，也是对彼此负责任的表现。

卢雨婷也是一个不懂得保护自己的人。她与马明发生性关系时，不采取避孕措施，说明她对一些事的后果欠考虑，没有想到未婚先孕对女性所带来的影响往往更大。

此外，在婚前性行为这方面，女性完全可以通过和伴侣讨论如何避孕，去看对方是怎样的人。如果一个男人是尊重女性的，那么他肯定会和她一起找到合适的避孕方式，而不是让女性承担怀孕或堕胎的风险。从一个男人看待避孕和怀孕的态度就可以看出他是不是一个有担当、负责任、懂得心疼女

人的人。爱一个人的表现往往藏在细节里，而不是几句花言巧语中。

当然，卢雨婷虽然善良、单纯，但还是一个有底线的人。她没有无止境地纵容马明伤害她和孩子，并且保留了马明这些年向她借钱的证据，懂得用法律保护自己，即时止损。这些是值得肯定的。

◎**本案总结**

本案中，女方感情经历很少，所以很容易被男方的花言巧语所迷惑。当女方被男方设计怀孕生女后，才知道男方还没有离婚，但她抵挡不住男方的游说和迷惑，狠不下心离开，只能默默地等待男方离婚并和自己结婚。试想，如果女方在发现男方是一个"骗子"后就及时地离开他，或许就不会再经历结婚后的痛苦和麻烦。当断不断，必受其乱。当女性朋友发现遇到"渣男"时，及时地"断舍离"是最有效的保护自己的方式。当然，虽然本案中女方遇人不淑，经历了如此不幸的婚姻，身心受到了伤害和打击，但这也是其成长路上所经历的课题，相信以后的她会很快成长起来。

◎**心灵贴士**

这个世界纷繁复杂，善良单纯的人需要在生活中多点观察，丰富自己的阅历。只有透过别人的故事读懂世间的复杂，才能不被虚伪的人诱导和迷惑。

我们无法决定自己会遇到什么问题，但可以通过不同的经历而成长，从懵懵懂懂到懂得自我保护，一步一个脚印，慢慢地走向成熟和强大。

法律链接

《最高人民法院关于适用〈中华人民共和国民法典〉婚姻家庭编的解释（一）》

第八十二条 夫妻之间订立借款协议，以夫妻共同财产出借给一方从事个人经营活动或者用于其他个人事务的，应视为双方约定处分夫妻共同财产的行为，离婚时可以按照借款协议的约定处理。

>> 第三章 "钱财"虽属身外物，却是婚姻中的重头戏

夫妻签订财产协议，财产归属才有保障

> **题 记**
>
> 男女双方可在婚前或婚后签订财产协议，明确财产归属和债务承担等事项。

案情重现

在一个阳光灿烂的午后，两个年轻人在街边的咖啡厅里，临窗而坐。

柴诗兰看着面前沉默寡言的龚学林，喝了一口咖啡。从前的她最不喜欢的就是龚学林这样呆板木讷的男人，更不要说和这样的人结婚过日子了。可经历一段失败的婚姻后，她才认识到像龚学林这样真诚踏实的人的可贵之处。

在柴诗兰24岁那年，正在读研究生的她认识了唐杰。两人的专业不同，在同学的介绍下才相识。在与唐杰的相处过程中，柴诗兰得知他的原生家庭并不幸福。唐杰的父亲有暴力倾向，以前经常因一些琐事殴打母亲和年幼的他。听了他的经历，柴诗兰不由得想到了自己的父母。父母脾气都不好，母亲的性格又比较强势。从她有记忆开始，父母就总是在争吵。两人的怒火有时候还会转移到柴诗兰身上，只要她学习成绩下降，父亲就会对她破口大骂。相似的童年经历让柴诗兰与唐杰之间产生了同病相怜的感情，两人走得更近了，自然而然地确定了恋爱关系。

可柴诗兰不知道的是，在家庭暴力环境下成长的唐杰，同样潜藏着暴力倾向。恋爱期间，唐杰就脾气暴躁，经常因为一些芝麻大的小事生气。他虽

然没有对柴诗兰动过手,但阴晴不定的脾气依然让她心有余悸。但天真的柴诗兰以为只要结了婚有了孩子,唐杰就一定会改变的。然而,就在两人结婚后不久,唐杰便原形毕露,一言不合就动手打人。

柴诗兰工作能力很强,很受领导赏识,没几年就成了单位的小领导,工资也一路高升,收入很快就压了唐杰一头。唐杰的内心十分敏感,他见柴诗兰一个女人竟然比自己挣得多,心里感到十分有压力,情绪更加阴晴不定。有的时候,他上一秒还在和颜悦色地和柴诗兰说话,下一秒就会突然暴起打人。柴诗兰被他折磨得苦不堪言,有时甚至做梦都是被他打得头破血流的场面。这样的生活让柴诗兰苦不堪言,不得不常常出去躲避。

为了纾解自己的情绪,也为了改变唐杰,柴诗兰开始接触心理学,偶尔还会去接受心理咨询。对心理学有一定了解后,她明白唐杰的暴力倾向是轻易改不了的,要想摆脱家庭暴力,只有离婚这一条路可走。柴诗兰将自己结婚后的遭遇告诉了父母,在父母的支持下,她终于向唐杰提出了离婚。

离婚以后,柴诗兰不用再为不知什么时候会落下的拳头而担惊受怕,终于过上了轻松自在的生活。离婚以后,她一直没有急着再找新的恋人,而是慢慢用时间治愈着自己从前的伤痛。随着年龄过了30岁,她开始担心自己会孤独终老。上一段婚姻的经验让柴诗兰决定,这次一定要找个踏实本分的人。

柴诗兰父母的房子前几年拆迁后,政府给他们补偿了三套房。其中一套一家人自住,另外两套用来出租。龚学林便是租客之一。柴诗兰与龚学林认识也有两年多了,龚学林和她年龄差不多,在本地一家外企工作。他虽然沉默寡言,但为人忠厚老实,正直善良。如果是年轻时的柴诗兰,和龚学林这样的人肯定处不来,但现在的她已经完全转变了观念,对龚学林印象很好。柴诗兰的父母得知这件事后,主动帮她向龚学林传话,让两人相处相处。

对于柴诗兰的青睐,龚学林有些喜出望外。其实他对柴诗兰早有好感,只是不擅长表达,便一直没有将这份感情宣之于口。既然郎有情妾有意,柴诗兰与龚学林几乎一拍即合地开始交往。就在两人谈婚论嫁之时,柴诗兰的父母有了新的考虑。与他们家相比，龚学林家的经济状况差很多，如果以后两个年轻人感情不和要离婚，女儿肯定会在财产上吃亏。于是，二老提出，想让龚学林配合柴诗兰签订婚前财产协议。

龚学林考虑了一段时间，认为签订婚前财产协议对自己并没有什么弊端，便答应了。于是，柴诗兰与龚学林在婚前财产协议中约定：柴诗兰婚前支付首付款、婚后偿还贷款的房屋归柴诗兰一人所有，不属于夫妻共同财产；婚后双方父母的遗产为各自子女的个人财产。婚前协议签订后，小两口和和美美地到民政局办理了结婚登记手续，开始了全新的人生。

律师解答

男女双方在结婚前，可以就婚后财产的所有权问题进行约定，并签订婚前财产协议。《民法典》第一千零六十五条的规定旨在保障男女双方自由处分和管理其财产的权利，男女双方签订的财产协议的效力优先于法律关于夫妻财产的相关规定。但需要注意的是，财产协议应当以男女双方结婚为前提，必须采用书面形式，且内容不得与法律、行政法规的强制性规定相悖，不能违背公序良俗，也不得恶意串通侵害他人权利。同时，财产协议约定的财产范围限于夫妻财产，不得对夫妻以外的他人的财产有所约定。财产协议签订后，无论是否到公证机关对协议进行公证，都不影响其产生法律效力。此外，法律并不限制财产协议的签订时间，无论是婚前还是婚后签订，都对男女双方具有约束力。

在本案中，柴诗兰因自己的财产状况处于较为优势的地位，为了保障自己的财产权利，与龚学林签订了婚前财产协议。只要该财产协议是在双方完全自愿的基础上签订的，并且内容与形式符合法律规定，就具有法律效力，无论是柴诗兰还是龚学林都有义务履行该协议的内容。

柴诗兰在经历了一段失败的婚姻后，认识到了婚姻的真谛并不在于波澜壮阔的爱情宣言，而在于平淡而安稳的幸福。只要双方同意，在婚前或婚后签订财产协议，明确双方财产的归属和债务的承担，以保障双方各自的财产权益，未尝不是一种为婚姻上保险的好方法。

心理解读

◎ 男方剖析

唐杰在家暴的环境中长大，他的性格里已经形成了固定的反应模式，遇到不开心的事，就会用暴力解决，完全没有考虑到他的做法会对柴诗兰带来多深的伤害。在家暴中长大的孩子是很不容易的，他们会生活在恐惧、担忧、焦虑、暴躁等一系列负面情绪里，长大后如果没有机会得到深度疗愈，就会很容易把自己在原生家庭中受到的创伤、所形成的模式迁移到后来组建的家庭中，一而再、再而三地重复原生家庭的家暴创伤。他们有的会成为受害者，诱发别人对他们实施家暴行为；有的会成为加害者，对别人实施家暴行为。他们的思维模式已经被原生家庭扭曲，身体反应、潜意识、思维方式已经习惯了不和谐的相处模式，所以会不断地重复旧有的、熟悉的生活方式形成的思维习惯，这样才能让他们在潜意识里更有安全感。

龚学林是内敛、憨厚的男人，非常踏实且不虚伪。他在内心对柴诗兰有好感，但不敢表达自己的感情，因为他知道自己家庭环境不如柴诗兰，不敢高攀。当他知道柴诗兰也对他有感情，不在乎他的家境，只在乎他的为人时，便觉得很惊喜。他话不多，知道默默地做好自己该做的事情。他会尊重柴诗兰的决定，没有大男子主义。会心疼柴诗兰的境遇，用自己朴实无华的方式去守护她、陪伴他。他会老实本分地过日子，踏踏实实守护家，为妻子提供安全感、归属感。

◎ 女方剖析

柴诗兰从小在父母的吵闹中长大，内心有很多隐藏的伤痛，人也不够自信。所以，当她遇到唐杰，就会有种"同是天涯沦落人"的内心共鸣。她因怜生爱，但她没有从父母那里学习到爱与关怀，以及和谐的相处模式。她很自然地跟随自己的习性，和唐杰走在一起，以为只要自己一心一意地守护他，他们就可以彼此疗愈，涅槃重生，创造一个温馨和谐的家庭。但没想到，唐杰的性格由于原生家庭的伤害变得特别多疑、暴躁，动不动就和她吵、闹，还对她动手，出现严重的家暴代际传承，甚至放大了父母的家暴行为。对此，她感到非常的痛苦，内心异常的复杂，觉得快要崩溃了。唐杰家暴的出现又

>> 第三章 "钱财"虽属身外物，却是婚姻中的重头戏

不断刺激父母对她家暴的痛苦体验，且随着时间的推移，新伤旧痛不断放大。于是，她不得不求助于专业人士，慢慢地读懂了她和唐杰的生命故事背后深藏的底层逻辑，也看清了唐杰的内心状态以及自己的内心需求。她思虑再三，决定离婚——她终于成长，走出家暴的死循环。

柴诗兰离婚后没有着急开始一段恋情，而是默默地成长，等待心性稳定下来。蓦然回首，那人却在灯火阑珊处。她发现身边的龚学林是适合结婚的好男人。以前的她对内敛憨厚的男人不感兴趣，但当她经历了一段痛苦的感情，又从内而外地重塑自己的身心后，发现自己对异性的观点和期待不一样了。她慢慢读懂了龚学林这类男人的特质，也发现了内敛含蓄的男人所具有的独特魅力。

可以说，柴诗兰从一个比较自卑的少女慢慢成长为独立思考、沉稳笃定的女性，找到了自己的定位，也获得了幸福。

◎ 本案总结

本案中，男女双方都在不幸的家庭中长大，所以他们很容易互相吸引，陷入类似的婚姻模式里。男方没有意识到自己已经被原生家庭的伤害蒙蔽了心智，把曾经受到的伤害投射到与他有亲密关系的人身上。他的生命状态是没有觉知的，他就像一头被蒙住双眼的驴一样，任由生命之轮把他带到不断旋转的磨盘，不断重复家暴。

而女方是努力的，也是幸运的，她没有放弃自我救赎，一直寻求心理成长的机会，所以她慢慢地转化了自己的生命故事，遇到了真正心疼她的男人。

◎ 心灵贴士

我们免不了被过去的习性影响，所以需要不断地成长，突破心理的舒适区。但突破心理舒适区是不容易的，惰性会把我们拉回原点。在习性上改变自我，重塑自我新的习性，是一件难事，但也是一件不得不做的事。因为只有改变，才可能有机会开启不一样的人生。

法律链接

《中华人民共和国民法典》

第一千零六十二条 夫妻在婚姻关系存续期间所得的下列财产，为夫妻

的共同财产，归夫妻共同所有：

（一）工资、奖金、劳务报酬；

（二）生产、经营、投资的收益；

（三）知识产权的收益；

（四）继承或者受赠的财产，但是本法第一千零六十三条第三项规定的除外；

（五）其他应当归共同所有的财产。

夫妻对共同财产，有平等的处理权。

第一千零六十三条 下列财产为夫妻一方的个人财产：

（一）一方的婚前财产；

（二）一方因受到人身损害获得的赔偿或者补偿；

（三）遗嘱或者赠与合同中确定只归一方的财产；

（四）一方专用的生活用品；

（五）其他应当归一方的财产。

第一千零六十五条 男女双方可以约定婚姻关系存续期间所得的财产以及婚前财产归各自所有、共同所有或者部分各自所有、部分共同所有。约定应当采用书面形式。没有约定或者约定不明确的，适用本法第一千零六十二条、第一千零六十三条的规定。

夫妻对婚姻关系存续期间所得的财产以及婚前财产的约定，对双方具有法律约束力。

夫妻对婚姻关系存续期间所得的财产约定归各自所有，夫或者妻一方对外所负的债务，相对人知道该约定的，以夫或者妻一方的个人财产清偿。

>> 第三章 "钱财"虽属身外物,却是婚姻中的重头戏

离婚财产未厘清,前夫身亡引纠纷

题 记

夫妻离婚后应及时履行离婚协议书中约定的内容,及时变更相关财产所有权登记。

案情重现

陶玮与郑舒是大学同学,在一次聚会中相识。别看陶玮长得憨厚老实,实际上却是个"万花丛中过、片叶不沾身"的"浪子"。与郑舒第一次见面,他便毫无保留地表达了自己对她的好感。这次聚会过后,陶玮更是直接对郑舒展开了追求。他家境好,又能说会道,很会讨女孩子的喜欢。在陶玮的追求下,郑舒很快沦陷了,两人正式确定了恋爱关系。

恋爱后不久,陶玮叫郑舒与三两好友一起外出游玩。当天由于玩得太晚,一行人索性在外过夜。郑舒是第一次与朋友们外出过夜,显得有些兴奋。别有用心的陶玮借着大家的起哄向郑舒劝酒,郑舒第一次喝酒,没几杯就醉倒了。当天晚上,在陶玮的哄骗与引诱下,两人越过了最后一道防线,发生了关系。

郑舒的思想比较传统,陶玮是她的初恋,如今两人又有了实质性的关系,她便认准了非陶玮不嫁。大学毕业后没多久,两人奉子成婚,几个月后儿子出生。随着结婚的时间越来越长,陶玮与郑舒之间的关系不复恋爱时的温情和浪漫,多了柴米油盐的平淡与烦琐。郑舒性格强势,做什么事都雷厉风行、事事操心。在婚前,这还可以算作女朋友的体贴,可到了婚后,陶玮就只感受到无尽的压抑。郑舒眼睛里容不得沙子,见到陶玮的行为不合心意,总是

会不分场合地指出来，常常让他下不来台。长此以往，陶玮烦不胜烦，主动向公司申请调往外地，夫妻两人开始了分居生活。

此时的陶玮已经年逾三十，在事业上小有成就，初具成熟男人的魅力。与郑舒分居期间，他感到了前所未有的轻松自在。这个时候，他偶然间认识了刚满20岁的丁小夏。丁小夏学历不高，年纪轻轻便开始打工养活自己。她单纯懵懂，性格安静而内敛，与强势的郑舒完全不同。温柔本分的丁小夏让陶玮体会到了在郑舒那里体会不到的保护欲，他不顾自己已有家室，对丁小夏展开了热烈的追求，而不谙世事的丁小夏也很快便沦陷在陶玮的甜言蜜语中。

越和丁小夏相处，陶玮越觉得她才是自己心目中理想的伴侣人选。两人的感情越来越浓厚，甚至开始同居。同居期间，丁小夏怀上了两人的孩子。陶玮得知这件事后喜出望外，他决定要正式给丁小夏一个名分。于是，陶玮向郑舒摊牌，表示自己早已变心，坚决要离婚。郑舒是有骨气的，她见陶玮出轨，虽然心中悲伤愤怒，但并没有过多纠缠，痛快地同意离婚。为了弥补郑舒，陶玮将自己名下一套价值200万元的房屋无偿赠与了她。

与郑舒离完婚，陶玮便马不停蹄地和丁小夏领取了结婚证。没过几个月，丁小夏生下了一个可爱的女儿。女儿出世后，陶玮与丁小夏的感情更加坚固，每天浓情蜜意。而此时的郑舒见陶玮家庭幸福，又有些后悔自己当初冲动答应离婚，动起了挽回陶玮的心思。可陶玮与丁小夏感情正浓，怎么可能会答应与她复合呢？郑舒决定"曲线救国"，用两人之间的纽带——孩子来缓和他们之间的关系。

郑舒的策略很有效果，看在孩子的面子上，陶玮对郑舒的态度果然缓和了很多。郑舒始终觉得，陶玮喜欢丁小夏不过是因为她年轻漂亮。等丁小夏人老珠黄，陶玮过了新鲜劲儿，还是会选择回到她的身边的。正是由于对陶玮尚未完全死心，郑舒与陶玮离婚好几年，都没和他提当初赠与的那套房子的过户问题。可令郑舒没想到的是，她的一念之差却为日后的纠纷埋下了伏笔。

就在郑舒一心期盼着陶玮回心转意的时候，一个噩耗却突然传来——陶玮心脏病突发，经抢救无效去世了！在悲痛之余，郑舒想到了当初那套还没过户的房屋。如今作为房屋所有权人的陶玮已经去世，该由谁配合她办理房

>> 第三章 "钱财"虽属身外物，却是婚姻中的重头戏

屋过户手续呢？为了得到自己应得的房产，郑舒以离婚后财产纠纷为由，将丁小夏诉至法院，要求她履行当初的离婚协议，配合自己进行房屋过户登记。

法院告知郑舒，由于陶玮已经过世，该房屋将发生继承，她需要起诉陶玮所有的法定继承人。于是，法院又追加了丁小夏、陶玮的父母、陶玮与丁小夏的女儿、陶玮与郑舒的儿子作为共同被告。在审理过程中，法院又发现了新情况。原来，陶玮早已瞒着所有人，将该房屋抵押给银行，并贷款150万元。经过法院反复调解，最后确定按照离婚协议书的约定，由郑舒取得房屋全部产权份额，由丁小夏、陶玮的父母、陶玮与丁小夏的女儿、陶玮与郑舒的儿子到房管部门协助办理产权变更登记手续。此外，法官还告知郑舒，对于该房屋的抵押贷款150万元如何返还，应当另案处理。

律师解答

当继承财产存在纠纷引起诉讼时，诉讼结果影响到的将是全体继承人的利益，因此全部继承人都应当参加诉讼。在本案中，郑舒因房屋产权纠纷提起诉讼。该房屋尚未办理产权变更登记手续，仍然属于陶玮的财产。因此，当陶玮去世后，该房屋将发生继承，归其法定继承人所有。此时，郑舒需要将陶玮的全部法定继承人列为共同被告，以确保诉讼能够正常进行。根据《民法典》第一千一百二十七条第一款第一项的规定，配偶、父母、子女属于第一顺序法定继承人。因此，丁小夏、陶玮的父母、陶玮的两个孩子都应当作为被告参与诉讼。

本案中的另一个争议焦点在于办理抵押贷款的房屋能否办理产权变更登记手续（即过户手续）。从《民法典》第四百零六条的规定可以看出，在抵押期间，抵押人是可以转让抵押财产的，但应当及时通知抵押权人，且可能需要承担将转让所得价款提前清偿债务或提存的法律责任。但是，在实践中，抵押权人为了保障自身权益，让该规定的落实存在一定困难。如果抵押物为房屋等不动产，在贷款未还清的情况下，即使有法院的裁判文书，房管部门也不会办理过户手续。

本案中的郑舒因一念之差，未及时办理房屋产权变更登记，导致后续

115

出现一系列纠纷。夫妻在离婚时，要将涉及财产与子女的问题考虑清楚，并及时履行离婚协议书中约定的内容，将相关法律问题厘清，否则，很可能面临与郑舒相同的困境。如果郑舒在与陶玮离婚时及时办理房屋产权变更登记，陶玮便不会有机会用该房屋抵押贷款，郑舒的权利也能够更早地得到保障。

心理解读

◎ 男方剖析

陶玮家境非常好，受父母溺爱，有花不完的钱。他通过不断追求新的女性，甚至通过欺骗感情来满足自己的欲望，获得精神上的价值感、身体上的满足感、朋友谈资的快乐感。陶玮追求女性很有一套，女性在他眼里就是一个又一个的猎物。

结婚后，郑舒很在意陶玮，对陶玮无微不至地照顾，事事关心，她的行为在陶玮看来就是在限制他的自由，所以他们关系很紧张。可以看出，陶玮对郑舒只有新鲜感和激情，并没有多深的感情，所以会觉得郑舒对他的关心就是一种控制，才会想逃离郑舒的控制。后来陶玮主动申请去外地工作，认识了丁小夏，他发现温柔的丁小夏更适合自己，让他感受到自己很有个人魅力和魄力，满足了他大男子主义的心理，最后两个人慢慢走到了一起。

◎ 女方剖析

郑舒感情经历不多，也比较传统，遇到陶玮后，看到他的家庭条件很好，对她也很殷勤，就以为他是真心喜欢自己的。不知不觉地沦陷于陶玮制造的浪漫里无法自拔。婚后，郑舒的控制欲很强，总是管着陶玮，这让陶玮很不爽，觉得自己没有了人身自由，一点个人空间都没有。在婚姻生活中，郑舒把自己活成了陶玮的母亲、保姆、领导，不留死角地关心、教育陶玮怎么工作、怎么做人、怎么待人接物，当发现陶玮做得不对时，就当众指出，要他必须改变。这给热爱自由的陶玮带来很大的精神压力。可以说，郑舒对陶玮过分地、强势地、全方位地关心和爱护，在一定程度上是逼走他的原因。离婚后，天真的郑舒以为自己和陶玮未来还有复婚的可能，所以一直没有提出办理房屋过户手续，直到陶玮突发心脏病身亡，她才后悔莫及。

郑舒的思维很简单、直接。她不太了解陶玮的需求，也不懂如何经营好婚姻，离婚后，更不懂维护自己的权益。她的思维不够成熟，导致最后变得很被动。

◎**本案总结**

恋爱是浪漫且美好的，结婚是稳定且务实的，离婚是现实且考验人性的。当夫妻感情破裂走到离婚时，就要更客观地看待未来，特别是带着孩子的那一方，一定要多做周全的规划，不能再有侥幸心理。

本案中，女方就是因为对男方还有念想，以为可以复合，没有及时办理赠与房屋的过户手续，才会有后续扯不清的纠纷。感情是复杂的课题，如果出轨的一方对伴侣还有很深的感情，也不想伤害对方，就不会出轨，不会最终走到离婚。所以，一般情况下，出轨的人自己并不在意曾经的夫妻感情，更不在意婚姻关系的存亡。

其实，当婚姻破裂时，最需要的是重组自己的内在价值以及守护好自己和孩子。毕竟，孩子不懂为什么父母突然就离婚了，如果父母没有适当的引导，那孩子就会很容易觉得是自己不懂事、不够乖，不值得拥有幸福的家庭，所以父母才离婚，而这样的信念会让孩子会变得敏感、自卑、多疑，导致他们在未来的日子充满辛酸和坎坷。

◎**心灵贴士**

每一段经历都会让我们从中收获经验和成长，无论多苦、多迷茫，我们都不要失去自己的本心和信心。当我们保有善良、正直、诚恳的信念时，就会得到更多的社会支持，慢慢从痛苦中走出来，最终收获珍贵的资源。

法律链接

《中华人民共和国民法典》

第四百零六条 抵押期间，抵押人可以转让抵押财产。当事人另有约定的，按照其约定。抵押财产转让的，抵押权不受影响。

抵押人转让抵押财产的，应当及时通知抵押权人。抵押权人能够证明抵押财产转让可能损害抵押权的，可以请求抵押人将转让所得的价款向抵押权人提前清偿债务或者提存。转让的价款超过债权数额的部分归抵押人所有，不足部分由债务人清偿。

第一千一百二十七条 遗产按照下列顺序继承：

（一）第一顺序：配偶、子女、父母；

（二）第二顺序：兄弟姐妹、祖父母、外祖父母。

继承开始后，由第一顺序继承人继承，第二顺序继承人不继承；没有第一顺序继承人继承的，由第二顺序继承人继承。

本编所称子女，包括婚生子女、非婚生子女、养子女和有扶养关系的继子女。

本编所称父母，包括生父母、养父母和有扶养关系的继父母。

本编所称兄弟姐妹，包括同父母的兄弟姐妹、同父异母或者同母异父的兄弟姐妹、养兄弟姐妹、有扶养关系的继兄弟姐妹。

《最高人民法院关于适用〈中华人民共和国民事诉讼法〉的解释》

第七十条 在继承遗产的诉讼中，部分继承人起诉的，人民法院应通知其他继承人作为共同原告参加诉讼；被通知的继承人不愿意参加诉讼又未明确表示放弃实体权利的，人民法院仍应将其列为共同原告。

口头约定财产归属，未经公证效力难定

◆ 题 记 ◆

丈夫将部分夫妻共同财产经公证赠与妻子，其他未处理部分妻子仍有权分割。

>> 第三章 "钱财"虽属身外物，却是婚姻中的重头戏

案情重现

侯庆与韩向彤是在业务往来中相识的。两人一个是天资出众的家具设计师，一个是在工作上雷厉风行的运输公司的千金，两个年龄相仿的年轻人自然有很多见面接触的机会。侯庆的家具公司与韩向彤家里的运输公司有着长期合作的关系，出于人情往来，他经常请韩向彤出门吃饭、喝咖啡，逢年过节还会备上些薄礼。

随着交流合作的增多，两人之间的距离也越来越近。在接触中，韩向彤对侯庆也有了更深的了解。侯庆的父母去世得早，双亲去世后，只留下了他和年幼的妹妹。当时的侯庆还在上学，只能一边读书一边打工来供妹妹的吃穿用度。工作以后，他更是勤奋好学，发挥自己在家具设计上的专长，没几年就开起了自己的家具公司。虽然公司规模算不上大，但足以给他和妹妹提供良好的生活条件。得知侯庆的过去后，韩向彤对他除了欣赏外，又多了几分佩服。对于这样有情有义、坚强有担当的男人，韩向彤不禁动了心。

韩向彤心里明白，侯庆平日里的关心和问候大多是出于生意伙伴的人情往来，但她仍然通过送礼物暗暗表达自己心中的爱慕。韩向彤给侯庆送手机、钱包、皮带，借以暗示他要时常联系自己，并希望能够一辈子将他"拴"在身边。可惜，侯庆是个直性子，并不懂这些浪漫的弯弯绕绕，还是在朋友的提醒下才发现韩向彤送的礼物都大有深意。在日常相处中，侯庆同样对韩向彤颇有好感。一旦参破她的用意，侯庆便向她表了白。情投意合的两人正式确立了恋爱关系。

一年后，在亲友的见证下，侯庆与韩向彤领取了结婚证，并步入了礼堂，举行了婚礼。婚后不过三年，感情甚笃的两人便接连有了一个女儿和一个儿子，实现了儿女双全的人生乐事。有了孩子以后，侯庆与韩向彤在事业上更加拼搏。为了给孩子创造良好的条件，也为了让孩子能到更好的学校上学，两人在本市先后购买了两小一大三套房屋。在韩向彤的要求下，两套面积较小的房屋登记在她的名下，而一家四口正在居住的面积较大的房屋则登记在侯庆名下。

随着结婚的时间越来越长，夫妻二人之间的激情不再，生活中只剩下柴米油盐的家务事。与韩向彤家的家族企业不同，侯庆的公司是他自己一手创立的，如今正处于蓬勃发展的时期，需要他不断费心经营。为了拓宽公司的业务面，他不断外出与客户会面，在家陪伴妻子与孩子的时间也越来越少。韩向彤对此十分不满，她不仅没有理解侯庆的不易，还经常向他发脾气，怀疑他在外面拈花惹草。侯庆拖着疲惫的身躯回到家时，面对的不是妻子的关怀与问候，而是冷面、怀疑与斥责。时间一长，夫妻二人的感情出现了裂痕。

为了工作方便，侯庆经常在公司吃住，与员工们一起经历创业的坎坷与艰辛。对于这样以身作则、吃苦肯干的老板，员工们都十分佩服。其中有一名叫何茜的女员工对侯庆格外关心。她的性格本就温柔体贴，见侯庆忙起来经常日夜颠倒，便时常在家里煲些营养汤带到公司给侯庆品尝。侯庆感念她的细心周到，平时在工作上也会对她多加照顾。

两人之间的亲密关系很快就引起了其他员工的注意，而一些风言风语也被有心人传到了韩向彤的耳朵里。得知这件事后，韩向彤气愤难当，认为侯庆背叛了婚姻，气势汹汹地冲到侯庆的公司大吵大闹。在韩向彤的指责与同事们探究的目光中，何茜羞愤至极，隔日便提出了辞职。而侯庆一方面为了安抚韩向彤，另一方面确实觉得自己越了分寸，心中有愧，便与韩向彤签订了赠与协议，将婚后购买的两套面积较小的房屋赠与韩向彤作为其个人财产，并将赠与协议进行了公证。公证后，两人又口头约定，另一套面积较大的房屋赠与侯庆，为其个人所有，两人就这样踏踏实实地过日子，不要再闹离婚。

侯庆以为事情这样就会解决，不会再有新的风波。可韩向彤心中却越想越觉得自己窝囊，竟然就这样放过了侯庆这个婚姻的不忠者。在没有通知侯庆的情况下，韩向彤直接向法院提起了离婚诉讼，这让侯庆措手不及。韩向彤在法庭上表示，两套面积较小的房屋属于她的个人财产，而另一套房屋则是夫妻共同财产，要求依法进行分割。

见韩向彤出尔反尔，侯庆也急了。他当庭阐述了房屋赠与的前因后果，反复强调双方已经约定另一套房屋归他所有。如今韩向彤言而无信，那他也

>> 第三章 "钱财"虽属身外物,却是婚姻中的重头戏

要撤回当初的赠与,要求将三套房屋都作为夫妻共同财产进行分割。但是,两人当初的约定都是口头作出的,面对韩向彤的坚决否认,侯庆却拿不出确实的证据。最终,法院经过审理,依法对两人夫妻共同财产的分割问题作出了判决:两套面积较小的房屋已经公证赠与给韩向彤,属于韩向彤的个人财产;而面积较大的房屋为两人婚后共同购买,属于夫妻共同财产,所有权归侯庆所有,但他应当向韩向彤支付房屋一半价值的款项作为补偿。

律师解答

根据《民法典》第一千零六十二条的规定,夫妻在婚后使用夫妻共同财产购买的汽车、房屋等财产,属于夫妻共同所有。对于夫妻共同财产,夫妻双方均享有平等的权利。同时,如果夫妻对于婚后财产的归属有约定,离婚时应当按照夫妻之间的约定来判断财产的归属。

在本案中,侯庆与韩向彤所有的三套房屋是婚后二人共同购买的,应属于夫妻共同财产。双方约定其中两套房屋的所有权归韩向彤,该约定一经公证,就代表韩向彤有权取得这两套房屋的所有权。当两人离婚时,侯庆不得以夫妻共同财产为名主张分割这两套房屋。

同时,《民法典》第六百五十八条规定,经过公证的赠与合同不适用赠与人在赠与财产的权利转移之前可以撤销赠与的规定,虽然侯庆与韩向彤二人在离婚时,该房屋的权利尚未转移,但赠与协议已经经过公证,即使权利尚未转移也不得撤销赠与。因此,侯庆以韩向彤言而无信为由要求撤销赠与的主张是不能得到支持的。此外,虽然双方还达成了另一套房屋赠与侯庆个人的约定,但此约定仅是口头约定,并无任何证据证明约定成立。为了更好地保护侯庆的权益,在约定达成时,应当签订一份书面的协议,或者留下录音、录像等聊天记录等证据。

在这段婚姻中,侯庆与韩向彤之间没有夫妻之间应有的理解与信任。侯庆为事业在外打拼,韩向彤对其不够理解与支持。而侯庆也没有为挽回婚姻作出努力,而是逃避与韩向彤的沟通,用事业来麻痹自己,导致夫妻之间误会重重。

心理解读

◎ **男方剖析**

侯庆品行不错，是一个懂得感恩，正直善良的人，他和韩向彤结婚后一心一意地守护好这个家，承担起男人该有的责任。但妻子的言行都在释放负面的信号，导致侯庆压力过大，他本来工作就很忙，而且经常有应酬，回到家还要应付妻子的无理取闹，是真的身心俱疲。

虽然侯庆嘴上没有表示不满，但面对这样的妻子，他的潜意识里就不愿意回家，只有在工作中才能找到尊严，获得存在感、价值感、成就感，甚至心灵的归属感。因此，他喜欢加班，并以单位为家。他想通过不断忙碌去麻痹自己。

如此境地的侯庆碰到一个在工作中关心自己的女员工时，内心难免出现一点涟漪。他在工作中对女员工予以多一点的关照，以表对关心的回报。侯庆本意是"君子之交，礼尚往来"，但也就是这个态度使他对女员工的边界感变得模糊了，甚至有点暧昧。而这是职场中已婚人士（不论是老板，还是员工）的大忌。虽然他们没有越雷池半步，但模糊的边界感反过来加深了妻子的怀疑，最终导致离婚。

◎ **女方剖析**

韩向彤是一个自卑的人。她和侯庆之间缺乏足够的信任，她担忧丈夫事业做得红红火火，见多识广，终有一天会嫌弃她。她总是以莫须有的眼光去看待丈夫，怀疑丈夫对她不专一、有异心，经常和丈夫争吵，她这样的行为其实很幼稚。

久而久之，她的潜意识会觉得丈夫不可能一心一意地对她，不信任的种子已在心里生根发芽。当她听到丈夫和女同事暧昧的传闻时，内心已经认定那是真的，所以她去公司控诉女同事。虽然后来他们和好了，但她还是认定侯庆出轨了。当她认定侯庆背叛自己时，就会放大自己内心的痛苦，不断自我强化自己为这个家付出了这么多。她已经陷入"受害者"模式中无法自拔，并在潜意识里强化"受害者"模式。她对侯庆由爱生恨，势必要让他付出代

>> 第三章 "钱财"虽属身外物，却是婚姻中的重头戏

价，所以在离婚分割财产的问题上她非常坚定，不让侯庆分到理应得到的房产。

◎ **本案总结**

本案中，男方的人品和性情都是不错的，他不是那种不负责任、容易移情别恋的人。婚后，他对女方有责任心，有爱心，尽量理解和包容她的无理取闹。虽然后来他和女同事之间发生了一些暧昧的关系，但他也不是那种会背着妻子搞风花雪月的人，他也很后悔没有把握好分寸，让大家误会自己和女同事的关系，伤害了妻子的心。他最大的问题就是职场上将男女同事的边界感模糊，没有搞清楚关心和暧昧。而女方因为疑神疑鬼，把假象合理化，不断对丈夫进行"有罪推定"，最后坚信自己的幻想是真实的。不过话说回来，妻子的多疑源于她对丈夫深深的爱。

诚然，这段感情没能持续是很可惜的，他们夫妻双方都是很在意彼此的，有很深的感情，只是没有足够的智慧去相处，不懂得经营婚姻。他们不能理解对方，彼此也没有足够的信任感。如果他们其中一方在感受到危机的时候能采取更积极的方式去调整夫妻之间的关系，比如寻求心理咨询师的帮助，深入剖析为什么无法建立信任感，说不定他们的婚姻可以突破瓶颈，转危为安。

◎ **心灵贴士**

当我们对一段关系没有安全感、渴望被爱人关注、被认可但又似乎无果时，不妨寻求心理咨询师的建议，让他们帮助我们读懂彼此内心真实的声音。而我们通过心理分析打开心结时，爱与被爱的心或许会被重新唤醒，那时我们与爱人的关系也会走向新的春天。

法律链接

《中华人民共和国民法典》

第六百五十八条 赠与人在赠与财产的权利转移之前可以撤销赠与。

经过公证的赠与合同或者依法不得撤销的具有救灾、扶贫、助残等公益、道德义务性质的赠与合同，不适用前款规定。

第一千零六十二条 夫妻在婚姻关系存续期间所得的下列财产，为夫妻的共同财产，归夫妻共同所有：

（一）工资、奖金、劳务报酬；

（二）生产、经营、投资的收益；

（三）知识产权的收益；

（四）继承或者受赠的财产，但是本法第一千零六十三条第三项规定的除外；

（五）其他应当归共同所有的财产。

夫妻对共同财产，有平等的处理权。

第一千零六十五条 男女双方可以约定婚姻关系存续期间所得的财产以及婚前财产归各自所有、共同所有或者部分各自所有、部分共同所有。约定应当采用书面形式。没有约定或者约定不明确的，适用本法第一千零六十二条、第一千零六十三条的规定。

夫妻对婚姻关系存续期间所得的财产以及婚前财产的约定，对双方具有法律约束力。

夫妻对婚姻关系存续期间所得的财产约定归各自所有，夫或者妻一方对外所负的债务，相对人知道该约定的，以夫或者妻一方的个人财产清偿。

离婚协议有效力，约定内容要履行

> **题 记**
>
> 夫妻协议离婚后，一方反悔不想履行离婚协议内容的，另一方有权提起诉讼。

>> 第三章 "钱财"虽属身外物，却是婚姻中的重头戏

案情重现

男人的怒吼声、孩子的哭喊声、东西的摔打声混合在一起，从没有关紧的窗户中传出。

孔娜承受着如雨点般落下的拳头，死死地将孩子护在怀里。而她的前夫黄元杰此时已打红了眼，仿佛一头咆哮的猛兽。他面对的似乎并不是自己的前妻和孩子，而是自己的仇敌，全然不顾孔娜是否会受伤，孩子是否会受到惊吓。孔娜已经记不清这是黄元杰第几次打她了，但她这次终于下定了决心，要带着孩子摆脱这个恶魔！

八年前，孔娜认识了黄元杰。当时的她已经年满三十岁，大学毕业后，她一直忙于工作，从没考虑过婚姻问题。孔娜父母不厌其烦地催促她快点找个男朋友，把婚事定下来。在父母的催促下，孔娜只好扩大自己的社交圈。经过朋友的介绍，她认识了黄元杰，并以恋爱为前提开始与黄元杰接触。

由于两人的年纪都不小了，接触没多久，孔娜就与黄元杰确定了恋爱关系。在恋爱期间，孔娜发现黄元杰并非良配。他性格比较自我，脾气也很暴躁，经常莫名其妙地向孔娜发火，有时甚至一言不发就消失好几天，当孔娜急得像热锅上的蚂蚁一样团团转时，他又像个没事人一样出现。这样重复几次后，孔娜觉得自己在这段感情中身心俱疲，便向黄元杰提出分手。但每次分手后，黄元杰便拿出十二分的诚心道歉求和。孔娜总是忍不住心软，两人又再次纠缠在一起。这样分分合合间，孔娜与黄元杰不知不觉也恋爱了三年。

一次，在黄元杰的强烈要求之下，孔娜来到他家里为他庆祝生日。酒酣耳热之际，黄元杰借机提出要与孔娜发展进一步的关系。孔娜虽已不是懵懂无知的少女，但在这方面十分传统守旧，想也没想便拒绝了。面对孔娜的拒绝，黄元杰不依不饶，就差撒泼打滚求她同意了。面对这样的情形，孔娜只能半推半就。可没想到，不久后，孔娜就发现自己怀孕了。虽然一开始无法接受，但她想到自己如今已经三十多岁了，如果打掉这一胎，很可能面临终生无法生育的结果。她一直喜欢孩子，也不舍得这个小生命。思来想去，孔娜只能决定与黄元杰结婚，给孩子一个完整的家。

结婚以后，黄元杰与婚前相比，毛病更是有过之而无不及。他不仅总是向孔娜发火，还时常因为一些小摩擦与他人发生矛盾，时不时就喊打喊杀。除了这点以外，他的生活作风懒散，抽烟、酗酒、打牌、赌博，经常到深夜还在打游戏。黄元杰平时极少回家，回家后不是对孔娜冷言冷语，就是对她百般挑剔，不顺心时还会对她拳脚相加。孩子出生后，黄元杰对孩子也毫不关心。每当孩子有个头疼脑热需要人帮忙时，他都不见踪影。这样的婚姻让孔娜很是绝望。

在与黄元杰家人接触的过程中，孔娜发现，黄元杰的性格完全遗传自他的父亲，他的父亲也存在家庭暴力。并且，他与父母之间的关系并不好，与父亲一言不合就争吵、动手，对母亲冷言相向，看不起母亲对家庭的付出。孔娜看清了黄元杰是个不懂得尊重为何物的自私自利的人，为了让他吸取教训，她提出了离婚。离婚时，孔娜与黄元杰签订了离婚协议，约定孩子由孔娜直接抚养，黄元杰每个月给孩子5000元抚养费，直到孩子18周岁，同时一次性向孔娜支付10万元作为补偿。

办理离婚手续后，孔娜想到孩子还小，如果父母骤然分离可能会给孩子留下不好的心理阴影。于是，孔娜提出两人仍然在一起住，给孩子一个完整的家庭，但他们要住在不同的房间里，互不干涉对方的生活。

但孔娜其实还对黄元杰抱有一丝隐隐的期待。她盼望着黄元杰能够改正以前的缺点，两人能够复婚，再次组成一个圆满的家庭。可离婚以后，黄元杰非但没有改正自己在婚姻中的错误，甚至还不履行离婚协议中的约定，从来没向孩子给付过抚养费，孔娜的10万元补偿更是不见踪影。在同居期间，黄元杰依然延续着从前的恶习，经常对孔娜和孩子暴力相加。此时的孔娜彻底对黄元杰失望了，她向法院提起了诉讼，要求黄元杰履行离婚协议的内容。

在法庭上，黄元杰却提出了完全相反的主张。他向法庭表示，当初两人离婚是假，借离婚之名买房才是真。因此，他并没有确认离婚协议书上的内容，抚养费和所谓的补偿都是孔娜自己狮子大开口，完全是无稽之谈。一家三口居住的房屋虽然是孔娜的，但他曾在离婚前掏钱为房屋装修，这部分装修费用应当进行折抵，他只需向孔娜支付2万元的补偿。

>> 第三章 "钱财"虽属身外物，却是婚姻中的重头戏

面对黄元杰的狡辩，法庭经过审理，依法作出了最终的判决。黄元杰并不能提供证据证明其主张，双方在签订离婚协议时并不存在欺诈、胁迫的情况，应认定该离婚协议有效。对于抚养费数额，以黄元杰的收入完全有能力向孩子每月支付5000元的抚养费，不支持其抚养费过高的主张。黄元杰应当向孩子给付拖欠的抚养费，并向孔娜支付10万元补偿。

律师解答

根据《民法典》第一千零七十六条的规定，夫妻协议离婚的，应当签订书面离婚协议。离婚协议本质上是男女双方对未成年子女抚养以及夫妻共同财产如何分割所成立的合同，对双方均具有约束力。如果一方不履行，另一方有权要求其履行。根据《最高人民法院关于适用〈中华人民共和国民法典〉婚姻家庭编的解释（一）》第六十九条第二款的规定，登记离婚后当事人因履行离婚协议发生纠纷提起诉讼的，人民法院应当受理。同时，根据《最高人民法院关于适用〈中华人民共和国民法典〉婚姻家庭编的解释（二）》第十七条的规定，离婚后，不直接抚养子女一方未按照离婚协议约定或者以其他方式作出的承诺给付抚养费，未成年子女可以起诉要求其支付欠付的抚养费。在欠付抚养费的情形下，如果子女已经成年并能够独立生活，直接抚养子女一方也可以起诉要求另一方支付欠付的费用。

在本案中，无论孔娜与黄元杰在登记离婚时是"真离婚"还是"假离婚"，一旦二人领取了离婚证，就代表从法律上解除了两人之间的婚姻关系。而黄元杰作为完全民事行为能力人，也应当意识到签订离婚协议与离婚带来的法律后果。无论黄元杰的说法是否真实，在签订离婚协议时都不存在欺诈、胁迫的情况，该离婚协议就是合法有效的，对黄元杰与孔娜都具有法律约束力，双方均有义务履行。

离婚以后，孔娜与黄元杰虽然居住在同一屋檐下，但双方并没有到婚姻登记机关重新办理结婚登记手续。这也就表明，双方之间不存在法律上的婚姻关系，仍属于离婚状态，离婚协议也并不会因两人同居而失去法律效力。因此，即使黄元杰仍然与孔娜母子生活在一起，但同样需要向孩子支付抚养

费，同时向孔娜支付经济补偿。

导致这段婚姻走向结束的元凶无疑是黄元杰，他粗暴、自我，任性妄为，从未对经营婚姻作出过一丝一毫的努力。他既不是一个好丈夫，也不是一个好父亲，没有作为男人的担当，也没能承担起家庭的责任。除了黄元杰外，孔娜的优柔寡断同样也是造成这段婚姻不幸的推手。如果她在发现黄元杰的性格缺陷后及时抽身、与黄元杰离婚后果断分居，并督促他履行离婚协议，也不至于最终对簿公堂。

心理解读

◎ 男方剖析

黄元杰在家暴的环境长大，从小就在父亲的打骂下成长，这样的孩子极度缺乏安全感和边界感，因为家暴的原理就是施暴方不断地对被施暴方进行多维度攻击和打压。

家暴是家庭成员之间，强势一方对弱势一方所实施的暴力。在通常状况下，无论受害者说什么、做什么，施暴者都会表现出不屑、嫌弃、鄙视、愤怒等情绪，并且，这种情绪还会以暴力方式向受害者实施和发泄，从而使受害者整天担惊受怕，生活在压抑、恐惧和迷茫中。

现实中，最常见的家暴是行为暴力，又称身体暴力，是加害人通过殴打或捆绑受害人或限制受害人人身自由等方式使其产生恐惧的行为。它是一种更为直接的施暴方式。还有一种家暴是冷暴力，也可以理解为精神暴力，是加害人以侮辱、谩骂或不予理睬、不给治病、不肯离婚等手段对受害人进行精神折磨，使受害人产生屈辱、恐惧、无价值感等作为或不作为行为。虽然冷暴力不会产生身体创伤，却是一种非常隐晦的暴力，它会对受害者造成很深的心灵伤害。有一句俗语说："杀人诛心。"冷暴力就是那种伤人于无形却能把人的内心伤得千疮百孔的攻击方式。

此外，还存在性暴力和经济控制（如不给无收入的配偶足够的生活费用）两种类型。其实，无论是哪种家暴方式，施暴者最终目的是不断地攻击受害者，侵犯其心理界限，摧毁其心理防御机制，直到达成控制受害者的身体和精神，让他们无法摆脱施暴者的制约。

黄元杰从小被父亲家暴，导致他的心理已经扭曲，他没有体验过和谐的家庭关系，在他的成长经历里，都是痛苦的、混乱的感受，这样的感觉已经根植于他的内心，形成了潜意识——在原生家庭和过往经历中所形成的隐匿在内心深处的意识。潜意识对人有很多影响，但人不能轻易觉察它们的影响。一般人会随着自己的习性走，很难突破以往的模式，黄元杰也是如此。他在原生家庭受到的创伤，让他没有安全感，身心处于失衡状态，导致他会不自觉地复制父亲的方式去攻击妻子孔娜，企图控制她。

◎**女方剖析**

孔娜是比较单纯且重感情的人。虽然她一开始就觉察到黄元杰不是一个性情稳定的人，很容易发火、情绪暴躁，但是她还没有意识到黄元杰是有暴力倾向的人。她天真地以为他只是特别在意自己，所以情绪不稳定，而且黄元杰也特别聪明，总是会找到让她心软的方法，把她哄得妥妥帖帖的。可悲的是，离婚后，孔娜还是意识不到黄元杰的攻击力，对他还抱有一丝期待，和他暂时住在一起，直到最后再也无法忍受他的控制欲和家暴行为，才不得不离开。

◎**本案总结**

本案中，可以说，女方并不了解家暴行为的规律。家暴行为的发生和发展，呈周期性。行为模式的形成，一般要经过两个或两个以上的暴力周期。每个周期通常包括关系紧张的积聚期（口角、轻微推搡等）、暴力爆发期（暴力发生、受害人受伤等）、平静期（亦称蜜月期，加害人通过口头或行为表示道歉获得原谅，双方和好直到下个暴力周期的到来）。加害人往往屡悔屡犯、始终不改。道歉、忏悔只是当家庭暴力暂时失效时，加害人借以达到继续控制受害人的手段而已。暴力周期的不断重复，使受害人感到无助和无望，因而受制于加害人。孔娜面对一次比一次更严重的家暴，才终于明白，黄元杰的家暴是心理问题，是性格问题，无法改变。

◎**心灵贴士**

我们不可能用爱感化某人停止家暴，亦不可能用退让去化解家暴、用时间去消耗家暴、用孩子去唤醒对方的良知而放弃家暴。遭受家暴的一方应及时觉醒，远离家暴。选择离婚，及时止损，可谓亡羊补牢未为晚矣！

法律链接

《中华人民共和国民法典》

第一千零七十六条 夫妻双方自愿离婚的，应当签订书面离婚协议，并亲自到婚姻登记机关申请离婚登记。

离婚协议应当载明双方自愿离婚的意思表示和对子女抚养、财产以及债务处理等事项协商一致的意见。

《最高人民法院关于适用〈中华人民共和国民法典〉婚姻家庭编的解释（一）》

第六十九条 ……

当事人依照民法典第一千零七十六条签订的离婚协议中关于财产以及债务处理的条款，对男女双方具有法律约束力。登记离婚后当事人因履行上述协议发生纠纷提起诉讼的，人民法院应当受理。

《最高人民法院关于适用〈中华人民共和国民法典〉婚姻家庭编的解释（二）》

第十七条 离婚后，不直接抚养子女一方未按照离婚协议约定或者以其他方式作出的承诺给付抚养费，未成年子女或者不能独立生活的成年子女请求其支付欠付的抚养费的，人民法院应予支持。

前款规定情形下，如果子女已经成年并能够独立生活，直接抚养子女一方请求另一方支付欠付的费用的，人民法院依法予以支持。

第四章

孩子是婚姻结出的"果实",应珍视

夫妻争夺抚养权，轮流抚养化纠纷

题 记

父母离婚争夺孩子抚养权的，应按照最有利于未成年子女的原则判决，有时双方轮流抚养孩子，未免不是两全之策。

案情重现

冬日的早晨冷风呼啸，冯晴在审判庭门口等待开庭，也见到了昔日恩爱、如今却要对簿公堂的丈夫贾斌。两人再次见面，心中已然没有了刚恋爱时的激情，剩下的只有对这段婚姻的疲惫。冯晴只想快点结束这一切，早日恢复平静的生活，能够顺利获得儿子乐乐的抚养权。

多年前，冯晴与贾斌相识后，互相都很有好感，很快就确立了恋爱关系。两人也到了成家立业的年龄，再加上感情一直很稳定，当年年底就结了婚，婚后不久就生下了儿子乐乐。结婚初期，两个人一直租房居住。虽然生活并不是特别富裕，但他们却将日子经营得有滋有味，感情也是蜜里调油。

就在孩子出生前，贾斌与冯晴商量，计划购买一套房子。这样一来，孩子出生后的生活可以更稳定，也有利于孩子以后上学。冯晴觉得他的话有道理，便同意了。购买了房子以后，贾斌又提出，母亲早年离异，他母亲独自抚养他长大，现自己已经结婚，不想母亲孤独终老，打算将母亲接来和他们一起居住。这样不仅能一家团聚，孩子出生后母亲也能帮忙照顾，减轻夫妻两人的负担。冯晴知道贾斌是个孝子，毫不犹豫地答应了他的提议。

可令冯晴没想到的是，婆婆的到来加速了她与贾斌之间婚姻关系的终结。老人年龄大了，和年轻人的生活观念、作息时间都不一样。儿子乐乐出生以后，冯晴与婆婆在育儿观念上也有很大的分歧。婆婆以前在家里就是说一不二的性格，现在对儿媳妇更是有着强烈的掌控欲，经常因为一些小事和冯晴发生争吵。而贾斌作为丈夫，却无法很好地平衡母亲与妻子之间的关系，不仅不能帮忙解决婆媳纠纷，还一味地顺着母亲对冯晴横加指责。这样的生活让冯晴苦不堪言，但为了乐乐能有个完整的家庭，她默默地忍受了下来。

乐乐六岁那一年，冯晴再次与婆婆发生了激烈的争吵。回想起自己这么多年受尽委屈的婚姻生活，冯晴决定不再忍耐，离家出走，并向法院提起了离婚诉讼。贾斌觉得自己与冯晴之间还有感情，对她苦苦挽留。而冯晴也考虑到儿子还年幼，需要父亲的陪伴，便心软撤诉了。然而，这件事情发生后还不到半年，冯晴与婆婆之间的矛盾再次激化，且到了无可周旋的境地。她从家中离开，到公司附近租了一间房屋，一住就是几个月。

婆婆认为冯晴任性胡闹，两次离家出走闹离婚，将孩子扔在家里不管，对她非常不满，坚持要贾斌和她离婚。为了争得乐乐的抚养权，婆婆还怂恿贾斌立刻搬家，并且不将新家的地址告诉冯晴，让她见不到孩子。没有主见的贾斌就这样照做了。

待冯晴冷静下来后，她想到了自己年幼的儿子，决心要与贾斌离婚，并争取孩子的抚养权。然而，此时的冯晴却发现自己已经无法再联系上贾斌和婆婆，她回到原来的房子，却发现这里早已人去楼空。为了见到儿子，冯晴在儿子放学时悄悄来到学校，并跟在接送乐乐的婆婆身后，找到了他们新的住址。

找到儿子以后，冯晴便每天登门，如果婆婆不让她见儿子，她便大吵大闹。终于，在冯晴的执着下，婆婆与贾斌让步了，冯晴也终于见到了心心念念的儿子。他们约定，每周由贾斌照顾乐乐四天，冯晴照顾乐乐三天。

与此同时，冯晴也向法院提起了离婚诉讼，请求由自己直接抚养乐乐。而贾斌却主张，冯晴两次离家出走都置儿子于不顾，可见她并没有照顾儿子的责任心。冯晴反驳，她见不到儿子是贾斌故意将儿子藏起来造成的，贾斌的目的是恶意争夺儿子的抚养权。

法院经过审理，认为冯晴与贾斌的感情确已破裂，判决两人离婚。同时，对于孩子的抚养权问题，贾斌与冯晴实际上已经对抚养权作出了约定，即每周由贾斌照顾乐乐四天，冯晴照顾乐乐三天。根据此约定，法院判决二人轮流抚养乐乐，并且都无须向乐乐支付抚养费。

律师解答

根据《民法典》第一千零八十四条的规定，离婚后，对于已满两周岁的子女，如果父母双方无法在抚养问题上达成协议，可以向法院起诉，法院在遵循法律规定的基本原则外，还需要考虑如何判决才能最有利于未成年子女的成长。

同时，《最高人民法院关于适用〈中华人民共和国民法典〉婚姻家庭编的解释（一）》第四十八条为法院判决子女抚养权问题提供了一条新的思路，那就是未成年子女并不限于由某一方直接抚养，只要有利于未成年子女的成长，由父母双方轮流抚养就是一个很好的解决纠纷的方式。

在本案中，贾斌与冯晴都想直接抚养儿子，并且，在离婚诉讼前，双方已经达成了轮流照顾儿子的约定。在这种情况下，如果武断地判决儿子由冯晴或贾斌其中一方直接抚养，无论是对冯晴和贾斌还是对两人的儿子，都是一种情感上的伤害。因此，由两人轮流抚养儿子，是在法院基于情理和法理作出的最为合理的判决。

在婚姻生活中，夫妻之间发生矛盾在所难免，重要的是在发生矛盾后要及时进行沟通和解决。在本案中，冯晴与婆婆之间存在矛盾，可以及时与丈夫贾斌沟通，将自己的想法表达出来，商量出更好的解决办法，而不是独自消化消极情绪，使矛盾越积越多。而贾斌作为母亲的儿子与冯晴的丈夫，更要肩负起维持家庭和谐的责任，积极在妻子与母亲之间进行周旋，缓和双方的矛盾。如果发展到离婚的地步，双方也应当在和平的气氛下，对子女的抚养问题达成协议，而不是像贾斌这样，为了争夺抚养权而将孩子藏起来，从而剥夺冯晴作为母亲的正当权利。

心理解读

◎ **男方剖析**

贾斌是一个没有主见的男人。他有一位强势的母亲，从小就很听母亲的话，属于"妈宝男"。在母亲的管制下，贾斌的心智模式非常的幼稚。他不懂如何承担丈夫的角色，不知道在结婚后就要重新调整自己的心态和定位，守护自己和妻子的家，而不是任由母亲去干扰新家庭的运作。他的懦弱和不作为，最终导致妻子情绪崩溃，离家出走，家庭秩序被弄得七零八落、分崩离析。他需要从依赖母亲的状态里走出来，重新确立界限，靠自己去过独立的生活。

◎ **女方剖析**

冯晴没有经历过挫折，有时又有点任性，她非常渴望家庭完整、家人和睦，但她缺乏智慧，不懂得如何经营家庭关系，遇到强势的婆婆就手足无措，不知道怎么处理婆媳关系。她为了给儿子一个完整的家，选择忍让、委曲求全，但婆婆逐渐的强势和丈夫始终的不作为，让她忍无可忍，也不愿意再忍，一气之下离家出走。她几个月不回家，也不去关心和照顾儿子的心理状态和生活状况。其实，冯晴的这种心态和做法是非常幼稚，这会更加激化婆媳矛盾，更加刺激丈夫和婆婆站到同一条线上。并且，她的离家出走、对孩子的不管不顾，会让别人认为她是因任性而抛夫弃子。这样一来，她想争取孩子的抚养权就会变得非常被动。

◎ **本案总结**

目前，有很多家庭都需要长辈帮晚辈带孩子，并且很多情况都是男方的父母帮忙带孙辈。不同年龄层的人住在一起，就会有很多摩擦。自古以来，婆媳关系都是一个说不清、道不明的话题。如果家庭里有一位懂分寸、知进退的男人，那家庭的氛围就会越来越好，同频共振，家和自然万事顺心。可以说，男人是婆媳关系的"润滑剂"，如果男人有经营婚姻的智慧，那百分之八十的矛盾都会消散在萌芽状态。显然，本案中的贾斌远远没有起到"润滑剂"的作用，反倒像是一个婚姻走向破裂的"助推器"，不免令人叹息。

>> 第四章 孩子是婚姻结出的"果实",应珍视

如果说男人决定婚姻的高度,女人就决定了婚姻的温度。所以女人需要成长和智慧。本案中,冯晴内在状态是长不大的小女孩,当她遇到一个内心懦弱、没有主见的男方时,只会选择默默地忍受,没有勇气去面对现实。如果她有智慧,懂得在丈夫、婆婆之间"友好周旋",或许他们的家庭也是和和美美的,毕竟她与丈夫之间并没有实质性的矛盾。

◎**心灵贴士**

心智成熟是每个人成长的方向。我们要努力成为一个拥有智商、情商和爱商的人,增强耐挫能力,平衡好人际关系。人生路漫长,我们在活中悟,在悟中行,愿我们最终都能成为一个灵动睿智、知行合一的人。

法律链接

《中华人民共和国民法典》

第一千零八十四条 父母与子女间的关系,不因父母离婚而消除。离婚后,子女无论由父或者母直接抚养,仍是父母双方的子女。

离婚后,父母对于子女仍有抚养、教育、保护的权利和义务。

离婚后,不满两周岁的子女,以由母亲直接抚养为原则。已满两周岁的子女,父母双方对抚养问题协议不成的,由人民法院根据双方的具体情况,按照最有利于未成年子女的原则判决。子女已满八周岁的,应当尊重其真实意愿。

《最高人民法院关于适用〈中华人民共和国民法典〉婚姻家庭编的解释（一）》

第四十八条 在有利于保护子女利益的前提下,父母双方协议轮流直接抚养子女的,人民法院应予支持。

离婚争夺抚养权，八岁儿子说了算

> **题　记**
>
> 　　父母离婚争夺未成年子女抚养权，子女年满八周岁的，应尊重其真实意愿。

案情重现

"妈妈你看，我考试得了 100 分！"文文一见到等在校门口来接他放学的妈妈范从云，就激动地举着手中的试卷冲了上去，兴奋地将试卷上鲜红的"100"展示给她看。

"文文真棒！今天晚上妈妈给你做好吃的好好犒劳你！"范从云摸着文文的头，看着面前聪明活泼的儿子，心里下定了决心，无论在这半年里婆婆怎样为难她，她都要为了儿子忍耐下去！

十一年前，范从云受朋友的邀请，到 KTV 为朋友庆祝生日。在生日会上，她第一次见到了大她三岁的王安和。范从云与王安和一见如故，他们有聊不完的共同话题，兴趣爱好也十分相似。在生日会结束前，两人交换了联系方式，并约好第二天就出来再次见面。

在一次又一次的约会中，范从云与王安和很快就擦出了爱情的火花。年轻的她第一次品尝到爱情的甜蜜，情不自禁地坠入爱河无法自拔。而王安和也对温柔体贴的范从云十分着迷，恋爱还不到半年，他便向范从云求了婚。正处于热恋期的范从云没有多加思考，便答应下来。两个月后，范从云与王安和领了结婚证，举行了婚礼，正式成为夫妻。

>> 第四章 孩子是婚姻结出的"果实",应珍视

结婚以后,范从云便搬到了王安和家里,与公婆一起居住。结婚第一天,婆婆便给她来了一个下马威,表示要在家里立规矩,以后家里的大小家务都要由范从云来做,让她尊重爱护自己的丈夫。对于婆婆强势的态度,范从云虽然有些不满,但只当婆婆是太爱护儿子了。为了维护家庭的和谐,她并没有多说什么,只是默默地按照婆婆的嘱咐操持着家务。

虽然婆婆有些咄咄逼人,但这种态度并没有影响到新婚小夫妻的感情。婚后第二年,范从云便生下了可爱的儿子文文。随着相处的时间越来越长,范从云与婆婆的关系越来越紧张。为了让婆婆认可自己,她每天除了上班,还要照顾孩子、操持家务、为一家人做饭。文文上幼儿园后,她还要每天接送孩子,忙得脚不沾地。由于婆婆的强势性格,公公几乎没有任何话语权。而丈夫王安和也对母亲唯命是从,即便看着母亲为难妻子,也不敢有任何维护的话。文文四岁时,范从云又怀孕了,但因多年的辛苦熬坏了身体,孩子不幸流产了。就在她恢复期间,仍然要忙里忙外地伺候一大家子人。

即使范从云已经如此努力,婆婆还是对她有不少怨言。范从云家里条件一般,而王安和家里条件不错,婆婆觉得范从云之所以短短几个月就决定嫁过来,就是图钱,从心里很看不起她。平日里,婆婆对范从云百般挑剔,家里的大情小事都要过问,甚至连夫妻之间的隐私都不放过。对于婆婆的刁难和嫌弃,范从云自然做不到时时都以微笑面对。但只要她表现出一点反抗和不满,婆婆就会立刻到王安和面前挑拨两人的关系,让小两口的日子过得鸡犬不宁。

面对愈演愈烈的婆媳矛盾,作为儿子和丈夫的王安和却没想着从中调解,而是以工作为借口每天在外流连,逃避两个女人之间的战争。长此以往,范从云觉得王安和连保护自己的能力都没有,经常与王安和发生争吵。夫妻之间的感情由此产生了裂痕,正好让婆婆钻了空子。她开始在王安和面前变本加厉地说范从云的坏话,甚至污蔑范从云作风不检点,怀疑她之前流产的二胎其实并不是王安和的亲生骨肉。在母亲日复一日的挑唆下,王安和也渐渐对范从云有了意见,范从云一气之下搬了出去,夫妻两人开始分居。

起初,婆婆霸道地要求范从云和王安和协议离婚,但提出了十分苛刻的

条件，不仅不让范从云带走文文，还让她每个月支付 5000 元的抚养费，此外，还要求她向王安和支付青春损失费以及这么多年住在王家的伙食费、住宿费。范从云觉得这简直是在侮辱她，愤然拒绝。

不久以后，王安和又向法院提起了离婚诉讼，在母亲"一哭二闹三上吊"的要求下，他要求由自己直接抚养儿子文文，让范从云净身出户。接到法院的传票以后，范从云无论如何也不想让出儿子的抚养权，立刻咨询了法律人士。她得知父母离婚争夺抚养权，应当尊重年满八周岁的子女的意见。文文还有不到半年就要过八周岁生日了。为了文文，范从云决定再忍一忍。

在法庭上，范从云当庭表示，自己愿意和婆婆改善关系，不想结束这段婚姻。法院最终作出了不准离婚的判决。可刁钻的婆婆怎么会善罢甘休，半年后立刻挑唆王安和继续向法院起诉。在这次诉讼中，王安和明显做了更加充足的准备。他以自己家庭情况更好、收入更高为由，表示能为儿子文文提供更加优渥的生活条件。对于王安和的攻势，范从云信心满满——她知道，她为家庭付出的一切文文都看在眼里，文文一定会选择跟随她一起生活。最终，法院尊重文文的意愿，判决由范从云直接抚养文文，王安和每个月向文文给付 3000 元抚养费。至此，范从云终于为她的忍耐等来了最好的结果。

律师解答

夫妻离婚时产生的纠纷无非围绕着两个焦点：财产与子女。夫妻离婚时子女仍未成年，将面临子女由谁直接抚养的问题。在确定未成年子女的抚养关系时，应当以子女的利益为优先，确保最终结果有利于子女的成长。如果夫妻之间能够达成约定，那么应当按照约定处理。如果夫妻之间无法达成约定，那么可以向法院提起诉讼，由法院对抚养关系作出判决。

根据《民法典》第一千零八十四条第三款的规定，法院在对未成年子女的抚养关系作出判决时，应当遵循最有利于未成年子女的原则。当子女年满八周岁，有一定表达自身意愿的能力后，要尊重子女的真实意愿。需要注意的是，法院在作出判决时，还应注意子女所表达的意愿是不是其遵从本心自愿作出的。由于子女尚未成年，很可能在表达意愿时受到外界干扰。如果其

>> 第四章 孩子是婚姻结出的"果实"，应珍视

意愿是在他人的刻意引导下作出的，就不能视作子女的真实意愿。

在本案中，范从云与王安和的第一次离婚诉讼时，她的儿子未满八周岁，尚未达到法律所规定的能够表达自己意愿的年龄。对于此时的范从云来说，经济情况处于劣势的她并没有把握能够获得儿子的抚养权。为了能够直接抚养儿子，暂时的退让恰恰体现了范从云的智慧，而这样的忍辱负重也帮助她取得了更好的结果。

范从云与王安和本是恩爱夫妻，却因婚后的种种磨难而劳燕分飞，这何尝不让人感到唏嘘。而在这段婚姻关系中，除了婆婆的刁难，王安和的不作为更是促进了婚姻的分崩离析。范从云与婆婆原本是陌生人，全靠与王安和之间的爱才成为一家人。当妻子与母亲之间发生矛盾时，王安和应当仁不让，在两人之间周旋，缓和两人之间的关系，促进家庭和谐。但是，过于依赖母亲的王安和却没能承担起家庭的重担，不具备身为男人的担当，最终伤害了与自己最为亲近的妻子，也导致了家庭的瓦解。

心理解读

◎ **男方剖析**

王安和是一个不成熟的男人，面对不和谐的婆媳关系，他没有从中斡旋，而是选择了逃避。他是一个不折不扣的"妈宝男"，对母亲言听计从，完全没有自己的判断力和主见。这样的男人，无论他有多聪明，事业有多优秀，都不能让伴侣幸福，因为他的内心从来没有真的长大，就像"巨婴"一样，对伴侣只有索取，没有付出。

其实，不和谐的婆媳关系在社会中很常见。从心理学来看，不和谐的婆媳关系源于婆婆从小抚养儿子长大，在她心里已经把儿子视作自己的私有财产，是不可分割的一部分，当她看到儿子有了伴侣，内心不愿意放下对儿子的期望和控制欲，不愿意儿子把以前对自己的爱分一部分给伴侣。所以婆婆就会很容易嫉妒儿子对儿媳的爱，她会觉得儿媳抢了自己的儿子，如果没有儿媳，她就可以独占儿子的爱，在这样的心理状态影响下，婆媳关系就很容易出现矛盾。

当然，在处理婆媳关系中，除了婆婆的心理状态以外，儿子的立场、态度和处理方式也是关键。如果儿子有正确的思维观念，知道夫妻关系是第一位，母子关系是第二位，从而引导母亲意识到儿子已结婚有了自己的家庭，理解儿子的身份定位，那么，他就既能守护好自己的妻子，同时也不会伤害母亲的感情。或者说，如果儿子能用心地协调婆媳之间的关系，那么婆媳之间就不至于出太大的问题。而王安和作为儿子和丈夫，却选择了不作为。是王安和的不作为导致婆婆对儿媳的压榨不断地升级。而且王安和还听信母亲造谣，以为妻子对自己不忠，是非不分，最终导致自己的婚姻走向终结。

◎ **女方剖析**

范从云的性格很温顺，而且也很爱王安和，面对婆婆的刁难，她一直默默地承受，忍辱负重。然而她的隐忍却没有得到任何正向回应，丈夫也没有在意过她的付出。当她看清楚人和事，就选择离开，并在婆婆与丈夫争夺孩子抚养权的时候懂得咨询律师，用法律来保护自己。这说明她比较沉稳和具有智慧。

也幸亏范从云的沉稳和智慧，争取到了孩子的抚养权，不然，孩子跟随王安和以及奶奶长大，不知道会变成什么样子，至少可以推测，在缺爱的家庭中长大的孩子，很有可能自卑或者自大，他的生活也会艰难。给予孩子一个健康、包容、有爱的环境非常重要。

◎ **本案总结**

在本案中，女方在恋爱结婚的时候，一定对她的幸福生活预期满满。但没想到是，一段良缘却败在了婆婆以及"妈宝男"丈夫手里。女方是不幸的，也是幸运的。相信她有了这段经历，一定学会了如何保护自己和孩子以及如何守住底线。将来，历经世事的她，一定能成长为一个更有主见、处事不惊的人。她的言行和品格最终也会影响孩子，给孩子带来正面的心理导向。

◎ **心灵贴士**

我们很难避免人生的起伏，但可以让自己变得更有勇气去面对生活中的风雨。人生很长，会有很多课题，在这条路上，我们不是得到什么就是学到什么，对我们好的人让我们学会爱与被爱，伤害我们的人让我们学会如何从创伤中得到启发，最终走向自我疗愈、自我成长、自我蜕变。

>> 第四章　孩子是婚姻结出的"果实"，应珍视

法律链接

《中华人民共和国民法典》

第一千零八十四条　父母与子女间的关系，不因父母离婚而消除。离婚后，子女无论由父或者母直接抚养，仍是父母双方的子女。

离婚后，父母对于子女仍有抚养、教育、保护的权利和义务。

离婚后，不满两周岁的子女，以由母亲直接抚养为原则。已满两周岁的子女，父母双方对抚养问题协议不成的，由人民法院根据双方的具体情况，按照最有利于未成年子女的原则判决。子女已满八周岁的，应当尊重其真实意愿。

第一千零八十五条　离婚后，子女由一方直接抚养的，另一方应当负担部分或者全部抚养费。负担费用的多少和期限的长短，由双方协议；协议不成的，由人民法院判决。

前款规定的协议或者判决，不妨碍子女在必要时向父母任何一方提出超过协议或者判决原定数额的合理要求。

婚后孩子非亲生，抚养费用应返还

题　记

妻子出轨生育他人孩子，离婚时，丈夫有权向妻子索要孩子的抚养费。

案情重现

气氛紧张的法庭之上，原被告双方因离婚财产分割的问题剑拔弩张。坐

在被告席上的韩峰看着原告席上的妻子刘静，握紧了手中的亲子鉴定报告，心情十分复杂。

十几年前，他与刘静在一场聚会中相识。刚认识的时候，刘静性格十分豪爽张扬，乐于结交朋友，似乎和谁都能打成一片。这样的性格与安静沉闷的韩峰几乎全然相反，也让他不自觉地被刘静吸引。在众人的口中，韩峰是个"老实人"。刘静看中他实诚憨厚，家境也不错，主动对他展开了追求。两人很快便确定了恋爱关系，不久，刘静就怀孕了。

刘静怀孕后，两人便办理了结婚登记手续。同年年底，两人的大女儿出生。孩子出生以后，刘静当起甩手掌柜，将女儿扔给韩峰及其母亲，专心去搞自己的事业了。刘静是学幼师专业的，再加上韩峰的父亲是城中村的村委会主任，在当地有些人脉，她便利用这些人脉在城中村中先后开办了几家幼儿园。幼儿园成立以后的装修和日常维护等工作几乎全由韩峰负责，实际的经营问题刘静却从来不许他过问。

幼儿园开设后不久，韩峰与刘静的婚姻便遭遇了危机。一方面，每个月到了幼儿园的发薪日，刘静的心情就不太痛快，总要找些理由和韩峰吵架。每次吵架时，她对韩峰又打又骂，甚至有时还吵着要离婚。一开始，韩峰还对她处处忍让，可次数多了，他也开始感到不耐烦，便提出："离婚可以，但是要先把幼儿园的账算清楚，我可从来没见过分成的钱！"每当他这样说，刘静就会偃旗息鼓，但不出一个月，又会故态复萌。

另一方面，刘静总是以经营幼儿园要参加应酬为借口，外出和其他人喝酒泡吧，时常夜不归宿。刘静婚前就喜欢玩，婚后更是变本加厉，经常出现打麻将一晚上输赢几千元的情况。韩峰的父亲对此十分不满，常常明里暗里对韩峰抱怨刘静不顾家，年纪不小了也不打算生二胎。在父母的催促下，刘静终于怀上了第二个孩子。可孩子出生后，她的生活状态依然没有任何改变。

韩峰对此一直忍气吞声，直到几年后，父亲因病过世。在父亲的丧葬期间，刘静依然不安分，时常找碴儿与韩峰吵架。多年来隐忍的怨气让韩峰和母亲与刘静爆发了激烈的争吵。争吵中，刘静将韩峰的母亲推倒，导致老人受了伤。这件事后，刘静干脆从家中搬了出去。

>> 第四章 孩子是婚姻结出的"果实",应珍视

两人分居后,刘静与他人发展了婚外情,并悄悄在老家与对方同居。在此期间,刘静与婚外情对象生育了第三个孩子。韩峰得知后,感觉自己这些年来的隐忍像个笑话。当刘静向法院提起离婚诉讼时,他回想起自己这几年的婚姻生活,突然开始怀疑正养育着的老二究竟是不是自己的亲生骨肉。于是,韩峰偷偷带着孩子去做了亲子鉴定,最终的结果让他十分痛苦与气愤——鉴定结果显示,老二与韩峰并无血缘关系!

在法庭上,刘静依然振振有词,表示是因为婚后韩峰对她家暴,她忍受不了才与韩峰分居的。并且,刘静坚称与韩峰在一起时生育的两个孩子都是韩峰的亲生骨肉。见她到了此时仍然执迷不悟,韩峰无奈地拿出了亲子鉴定报告,证明老二与自己没有血缘关系。见到亲子鉴定报告,刘静愣在当场,再也没有狡辩的理由。

经审理,法院认定刘静婚内与他人同居,属于过错方,判决刘静与韩峰离婚,大女儿由韩峰抚养,老二、老三由刘静抚养。刘静每个月向大女儿支付2000元的抚养费,直到大女儿成年。同时,刘静还应当按照每个月1000元的标准,向韩峰返还他实际抚养老二50个月的抚养费。此外,作为过错方,刘静还应当向韩峰支付5万元的损害赔偿。两人婚内的夫妻共同财产按照韩峰60%、刘静40%的比例进行分割。

律师解答

本案中,刘静在与韩峰婚姻关系存续期间,并未履行妻子的义务,不仅在婚内与他人同居,还生育了两名与韩峰没有血缘关系的子女。她的行为不仅违背了对韩峰的忠实义务,也骗取了韩峰对孩子的抚养义务。对于韩峰来说,婚内所生的第二个孩子与他并无血缘关系,他不负有抚养义务。刘静隐瞒了这一点,使韩峰在不知情的情况下抚养孩子四年多。对于这种行为,刘静应当在离婚时返还韩峰所支出的抚养费用。

此外,《民法典》第一千零九十一条还规定了无过错方请求损害赔偿的几种情况:(1)重婚;(2)与他人同居;(3)实施家庭暴力;(4)虐待、遗弃家庭成员;(5)有其他重大过错。《最高人民法院关于适用〈中华人民共和

国民法典〉婚姻家庭编的解释（一）》第八十六条规定，这里的损害赔偿包括物质损害赔偿和精神损害赔偿。

刘静在婚内与他人同居，属于过错方；而韩峰则本本分分照顾家庭和孩子，属于无过错方。因此，韩峰有权在诉讼中要求刘静对他进行损害赔偿。并且，《民法典》第一千零八十七条第一款规定："离婚时，夫妻的共同财产由双方协议处理；协议不成的，由人民法院根据财产的具体情况，按照照顾子女、女方和无过错方权益的原则判决。"在对两人的夫妻共同财产进行分割时，也需要考虑到韩峰为婚姻中的无过错方，应该对他进行适当的补偿，多分财产。

夫妻相互负有忠实的义务，这不仅是我国法律的规定，更是社会朴素道德观的要求。夫妻只有相互忠实、相互信任、对家庭作出同等的付出，才有利于塑造和谐美满的家庭环境。本案中，刘静在结婚后，家庭责任感薄弱，不仅没有尽到对子女的教育职责，更疏忽了对丈夫的关爱，甚至与他人发展婚外情，为人伦道德所不齿。刘静的行为直接导致了一个家庭的破碎，也会给未成年的孩子带来不利的影响，她的行为值得我们引以为鉴。

心理解读

◎ 男方剖析

韩峰是一个情绪很稳定的人，不容易受别人影响，所以当他发现妻子不是专一的人，甚至连第二个孩子都不是自己亲生的时，他没有采取极端手段，做出不可挽回的事情。

同时，韩峰性格内敛，是一个不会表达自己情绪和情感的人。他虽然在情感上很安全，却不能让妻子刘静得到真正的幸福感。刘静渴望在他身上获得爱和关注。当她在男方那里得不到自己想要的情绪价值，如情感的支持、陪伴、关爱的时候，就会去别的地方寻求。韩峰一直活在自己的世界里，在一定程度上导致他们的婚姻名存实亡。

◎ 女方剖析

刘静喜欢光环，喜欢成为别人的焦点，喜欢优越的生活，她的性格张扬、任性、霸道，而且她会为了得到更好的生活不惜一切。她觉得韩峰为人温厚老实,又木讷、顺从、好控制,而且家庭背景条件不错,所以就看上了他,把他视为自己的靠山。婚后,她一边利用韩峰家庭的资源变现,一边想尽办法扩大自己的社交圈,过着自由自在的惬意人生。她的做法任性自私、毫无道德底线,最终一步步把自己的婚姻推入深渊。

此外,刘静虽然看起来很风光,但她的内在是空虚的,她想尽办法去赢得财富、巩固自己的社会地位,然而这些都不能让她感受到爱和价值感。

◎ **本案总结**

伴侣之间,应互相关心,多多沟通。如果只是结了婚,而没有用心经营,那婚姻也不会很幸福。本案中,女方自私自利、毫无道德底线,不用心经营家庭和婚姻。男方虽然是顾家的男人,但他不解风情,没法理解女方内在的自卑和空虚,没有给予她关爱和呵护,如此就助长了女方"红杏出墙"的行为,即家中得不到她想要的爱,她就在外面寻找。一个巴掌拍不响,两个人只有互相关爱、细心呵护、理解包容,情感才能稳定,关系才能长久。

◎ **心灵贴士**

婚姻如同一条船,只有夫妻同心协力,理解包容,才能保证它在人生的风浪中安然渡过;也只有夫妻真心、细心呵护彼此的感受,才能让婚姻之船,坚定不移地往人生的彼岸驶去。

法律链接

《中华人民共和国民法典》

第一千零七十三条 对亲子关系有异议且有正当理由的,父或者母可以向人民法院提起诉讼,请求确认或者否认亲子关系。

……

第一千零八十七条 离婚时,夫妻的共同财产由双方协议处理;协议不成的,由人民法院根据财产的具体情况,按照照顾子女、女方和无过错方权益的原则判决。

……

第一千零九十一条 有下列情形之一,导致离婚的,无过错方有权请求损害赔偿：

（一）重婚；

（二）与他人同居；

（三）实施家庭暴力；

（四）虐待、遗弃家庭成员；

（五）有其他重大过错。

《最高人民法院关于适用〈中华人民共和国民法典〉婚姻家庭编的解释（一）》

第八十六条 民法典第一千零九十一条规定的"损害赔偿"，包括物质损害赔偿和精神损害赔偿。涉及精神损害赔偿的，适用《最高人民法院关于确定民事侵权精神损害赔偿责任若干问题的解释》的有关规定。

第八十七条 承担民法典第一千零九十一条规定的损害赔偿责任的主体，为离婚诉讼当事人中无过错方的配偶。

……

妻子吵架后弃子离开，难争抚养权选择放手

> **题 记**
>
> 父母离婚，不满两周岁的子女，并非一定会由母亲抚养。

案情重现

前一天晚上刚下过雨，清晨碧空如洗，姜波与乔岚约好在某咖啡厅见面。乔岚还是像从前两人恋爱时一样，总要比约定的时间晚一些到达。提前来到

目的地的姜波坐在座位上,看着面前桌子上放着还没有签字的离婚协议书,陷入了回忆之中。

几年前,姜波与乔岚在一次朋友聚会中相遇。乔岚长得很漂亮,性格十分安静,虽然身处热闹的聚会中,周身却笼罩着与别人不一样的气质,自带一种独特的神秘感。姜波几乎立刻就被她吸引了,主动加了她的微信。

在日后的接触中,姜波知道了乔岚过去的经历,也了解到她曾经有个不幸的童年。在乔岚很小的时候,她的父母就离婚了。没过几年,父母就分别组建新的家庭,有了新的孩子,而乔岚这个在失败婚姻中成长的孩子就成了父母都不愿意提及的过去,被托付给奶奶抚养。姜波知道这件事后,深有感触,因为他也是自幼父母离婚,一直跟随严厉的父亲生活,缺乏母亲的爱护。此后,他对乔岚更加怜爱,追求乔岚的攻势也更为猛烈了。姜波为人成熟绅士,在他的追求下,乔岚逐渐敞开了心扉,两人最终确立了恋爱关系。

恋爱两年后,姜波与乔岚的感情很稳定,两人便把结婚这件事提上了日程。姜波非常喜欢小孩,计划结婚后要生两个孩子。可乔岚却对生孩子这件事比较抗拒,更想当"丁克族"。在姜波孜孜不倦地劝说下,乔岚最终改变了主意,表示愿意生育一个孩子。两人婚后不久,乔岚就向姜波告知了自己怀孕的消息,姜波欣喜若狂。他经常畅想孩子出生以后,他们一家三口的幸福生活,而乔岚总是静静听着,并不发表自己的意见。

令姜波没想到的是,孩子出生以后,他与乔岚婚前并没有完全解决的关于孩子问题的矛盾重新浮现出来。乔岚在怀孕期间吃了很多苦,坚持到孩子出生后,她只想睡个安稳觉。她听说喂奶粉也能满足孩子成长的营养需求,便向姜波提出请个月嫂,孩子半夜要喝奶时,就让月嫂给孩子冲奶粉喝。可是姜波认为母乳才是对孩子最好的,坚持要求乔岚给孩子喂母乳。两人为了这个问题爆发了好几次争吵,经常以冷战结束。

除了哺乳问题以外,在日常对孩子的照料上,姜波与乔岚也经常发生争吵。乔岚不太细心,在照顾孩子时总有疏忽的地方,有时还会不小心磕碰到孩子。为了更好地照顾孩子,姜波只能请了一名育儿嫂。他总是忍不住因为孩子数落乔岚，次数一多，乔岚也开始变得不耐烦，两人便会因此大吵一架。

在一次激烈的争吵过后，乔岚一气之下将孩子留下给姜波照料，自己回了娘家。姜波几次挽回，可在气头上的乔岚根本听不进他的话。几次之后，姜波对于这样的关系感到很疲惫，不再去挽回乔岚，两人就这样开始了分居生活。

两人分居了快一年，乔岚从来没有主动联系过姜波。随着时间的推移，她越来越想念孩子，可又拉不下面子去找姜波要求见孩子。于是，她打算向法院提起离婚诉讼，争取孩子的抚养权。没想到，在咨询律师时，律师却告诉乔岚，虽然孩子还未满两周岁，但由于其对孩子不管不问已经近一年，很可能会被法院认定为不适合抚养孩子，难以取得孩子的抚养权。无奈之下，乔岚只能放下身段联系姜波，要求协商孩子的抚养问题。

可姜波对于这件事的态度也很坚决，表示孩子一直由自己带大，他绝不会让出孩子的抚养权。两人争执了许久都没有得出个结果。乔岚认真考虑后，理智告诉她：姜波说的话其实有道理。与她相比，姜波对孩子更有耐心，也更细心，更有能力照顾好孩子。

于是，为了孩子着想，乔岚作出了让步。她与姜波签订离婚协议，在协议中约定孩子由姜波直接抚养，而她可以随时前往探望。

律师解答

根据《民法典》第一千零八十四条第三款的规定，夫妻离婚时，如果对子女的抚养权问题无法达成协议，可以通过诉讼的方式，由法院对抚养权问题进行判决，从而解决纠纷。法院在进行判决时，需要考虑子女的生理、心理状况以及未来的成长等，综合判断子女究竟应当由哪方直接抚养。

从原则上来看，对于未满两周岁的子女，一般应当由母亲直接抚养。这是因为这一年龄阶段的未成年人相对来说对母亲的依赖更强，其中一部分甚至可能还没有戒断母乳，跟随母亲一起生活更有利于子女的成长。但是，这只是原则性的规定，并不代表所有未满两周岁的子女都一定会被法院判决与母亲一起生活。法院在作出判决时，除了要考虑未成年子女的年

>> 第四章 孩子是婚姻结出的"果实"，应珍视

龄外，还要充分考虑到未成年子女的权益，从最有利于未成年子女的角度作出判决。

实践中，母亲具有《最高人民法院关于适用〈中华人民共和国民法典〉婚姻家庭编的解释（一）》第四十四条规定的几种情形：（1）患有久治不愈的传染性疾病或者其他严重疾病，子女不宜与其共同生活；（2）有抚养条件不尽抚养义务，而父亲要求子女随其生活；（3）因其他原因，子女确不宜随母亲生活，而父亲要求直接抚养子女，并能提出相应足够的证据，一般法院会支持父亲的主张。

在本案中，姜波与乔岚吵架后，乔岚独自回了娘家，并在一年内都没有回去看望孩子。在这种情况下，姜波独自照顾孩子，而孩子已经适应了这样的生活，如果骤然改变孩子的生活环境，反而会对孩子的成长不利。更何况，在长时间的相处中，姜波与孩子之间也形成了深厚的感情，将两人强行拆散的话很可能会同时伤害到两个人的感情。因此，综合考虑，此时由姜波直接抚养孩子是更为合理的选择。

在家庭之中，不仅需要感情的表达，更需要理智的维系。在很多情况下，夫妻之间由于关系亲密，很可能会将不好的情绪发泄在对方身上，解决问题时也会有情绪化的倾向。这时，需要夫妻之间多多沟通交流，放下心中的芥蒂，尽量以理智的方式来解决问题。本案中的姜波与乔岚双方各有各的坚持，明明可以采取更为理智的方式，各自作出一定的让步，在照顾孩子的问题上互相理解、互相成全。而乔岚却采取了更为情绪化的方式，赌气离家出走，还在长达一年的时间里都不去看望孩子，这也导致她在争夺孩子抚养权问题时遇到了难题。

心理解读

◎ **男方剖析**

姜波的内心是寂寞和疏离的。他在单亲家庭中长大，跟随严厉的父亲生活，家庭经济条件虽然好，但是缺乏母爱，从小就没有感受到真正的家庭温暖，更无法从父亲那里学习如何扮演丈夫的角色、如何陪伴和照顾妻

子。他很渴望有一个温暖的家，有一个陪伴他的人。他在了解了乔岚的成长经历后，不由得对她有了"同是天涯沦落人"的共鸣，更想与她结婚，互相陪伴。

生活会有很多变数，姜波没有足够的能力去面对生活中的一切变数。他忽略了妻子的感受，在妻子怀孕以及生育后陷入不安全感的漩涡里无法自拔时，缺乏处理妻子不正常情绪的能力。最终他只会产生不良的应激反应——抵触、逃避、指责、抱怨。同时，姜波的人生阅历太少，还不懂婚姻是需要去用心维护、细心经营的。他也没有足够的心理能量去守护一个家庭，妻子的内心需求得不到满足，才会因为失望而离开。

◎**女方剖析**

乔岚不习惯和人很亲近。这与其从小就被父母冷落，寄养在奶奶家里有关。她与姜波谈恋爱，在姜波身上感受到了他对自己的喜爱和疼惜，便尝试去相信姜波会给她幸福。但她的内心是害怕亲密的，她潜意识会觉得姜波不是真的爱她，只是因为自己长得好看，甚至是因为自己可以为他生儿育女。或许，因为原生家庭的经历，她不相信这个世界上有真正的爱情。

乔岚是一个缺乏爱的人。她之所以恐惧生孩子，是因为她没有在自己的原生家庭感受过爱和保护。在她的潜意识里，孩子是累赘，就像当年自己是父母的累赘一样。而且她也不想让自己的孩子再去承受自己受过的苦，所以就特别不愿意生育孩子。

乔岚的心理承受能力很弱，心智不够成熟。她在怀孕的过程中焦躁不安、忧虑恐惧，在孩子出生后，又不懂如何与丈夫沟通，无法平和地表达自己的需求，甚至压抑自己真实的想法，在不知如何面对夫妻沟通时选择"弃子逃离"。这样的她，是没法抚养照顾孩子长大的。因为她自己内心也是一个长不大而且情绪非常不稳定的孩子。

◎**本案总结**

在本案中，婚姻走向末路，双方都有原因。男方以为有了孩子就可以开启一家三口的幸福生活。他的想法很美好，但现实生活需要更多的理解、包容，才能更好地一路前行。女方渴望爱又不能信任别人，她需要通过自我成长去找到真正能让自己有安全感的存在。因为,从过去的创伤里走出来,才能找回初心、找回自信、找回笃定的自己。

◎ 心灵贴士

一个家庭需要共同维护,婚姻亦是两个人能量的平衡。一个巴掌拍不响,夫妻一荣俱荣、一损俱损。不论是丈夫、妻子还是父亲、母亲,都应该从所经历以及正在经历的生活中更多地思考婚姻家庭的意义和价值是什么。

最后,祝福未来的我们,会有更多的成长,发掘更多有爱和有意义的事情。

法律链接

《中华人民共和国民法典》

第一千零八十四条 ……

离婚后,不满两周岁的子女,以由母亲直接抚养为原则。已满两周岁的子女,父母双方对抚养问题协议不成的,由人民法院根据双方的具体情况,按照最有利于未成年子女的原则判决。子女已满八周岁的,应当尊重其真实意愿。

《最高人民法院关于适用〈中华人民共和国民法典〉婚姻家庭编的解释(一)》

第四十四条 离婚案件涉及未成年子女抚养的,对不满两周岁的子女,按照民法典第一千零八十四条第三款规定的原则处理。母亲有下列情形之一,父亲请求直接抚养的,人民法院应予支持:

(一)患有久治不愈的传染性疾病或者其他严重疾病,子女不宜与其共同生活;

(二)有抚养条件不尽抚养义务,而父亲要求子女随其生活;

(三)因其他原因,子女确不宜随母亲生活。

破茧：家事律师和心理咨询师教您解决婚姻难题

夫妻离婚分财产，子女保险不可分

> **题 记**
>
> 用夫妻共同财产给子女购买的保险视为子女的财产，离婚时，该保险不可作为夫妻共同财产分割。

案情重现

"离婚吧！"许久没回家的季峰刚一到家，就往茶几上拍了一张离婚协议书，对妻子霍小宁说道，"你看看内容有没有问题，没问题就签字吧！"

对这段婚姻早已身心俱疲的霍小宁没有多说什么，拿起离婚协议书，浏览起上面的内容来。当看到财产分割范围时，她不可置信地问道："保险是我给孩子们买的，是孩子们的钱，你怎么连这个都要分割？"

"这些保险难道不是用我挣的钱买的吗？"季峰不耐烦地反问道，"保险既然是我的钱买的，就是夫妻共同财产，当然能分割！"

听他这么说，霍小宁将离婚协议书扔回茶几上："我不同意！"

"既然这样，那你就等着收法院的传票吧！"说完，季峰拿起离婚协议书，转身摔门而去。

霍小宁与季峰结婚已经将近三十年了，婚后养育了三个子女，最小的女儿都已经大学毕业参加工作。二十八年前，两人经朋友介绍而相识。那时的霍小宁温柔贤惠，季峰踏实肯吃苦。在日常的相处中，他们逐渐对对方生出了好感，自然而然地走到了一起，确定了恋爱关系。就在两人恋爱一周年之际，季峰向霍小宁求了婚。怀揣着对未来生活的憧憬，霍小宁与季峰到民政

>> 第四章 孩子是婚姻结出的"果实"，应珍视

局领了结婚证，组成了两人的小家。

两个人的家庭都不富裕，刚结婚时，霍小宁与季峰几乎一穷二白。好在季峰肯吃苦、敢打拼，霍小宁则一心一意照顾家庭，为季峰消除后顾之忧。新婚夫妻共同奋斗，很快就有了婚后的第一桶金。由于季峰从事的工作与工程有关，常常需要在工地上过夜。为了方便工作，他便在工地附近租了一间房子独自居住。而霍小宁需要照顾孩子们，只能住在离孩子们学校比较近的地方。随着季峰的工程越做越大，有时还要到外地出差，经常一住就是好几个月，甚至一年。

在这样长期的分居生活下，霍小宁与季峰之间的距离越来越远，共同话题也越来越少，季峰开始嫌弃身为家庭主妇的妻子见识短浅，不能给他长面子。在与霍小宁分居期间，季峰也认识了很多异性，在花花世界中逐渐迷失了自我，与他人发展出了婚外情关系。而霍小宁也敏锐地察觉到丈夫的心不在自己身上，想要挽回却无能为力。孩子们陆续上大学离开家后，独自在家的霍小宁感受到了前所未有的孤独与寂寞，开始寻求他人的慰藉。就这样，霍小宁与季峰虽然名义上还是夫妻，但内心早已背道而驰。

当季峰向霍小宁提出离婚时，她并不意外，也早已准备好了接受这一结果。但令她没想到的是，季峰竟然提出要分割为孩子购买的保险收益。几年前，霍小宁以自己作为投保人，孩子们作为受益人，做主为三个孩子购买了人寿保险。她一直认为，这是给孩子们的投资，所得的收益自然应当是孩子们的。因不能对这部分财产分割达成一致，季峰向法院起诉离婚，并请求分割财产。法院在进行审理后，认为人寿保险是具有人身专属性的，保险收益、保险价值应当归受益人即霍小宁与季峰的孩子们所有，而不属于夫妻共同财产。最终，法院判决两人离婚，并对其他夫妻共同财产进行了分割，并驳回了季峰分割保险收益、保险价值的请求。

律师解答

《民法典》第一千零六十二条与《最高人民法院关于适用〈中华人民共和国民法典〉婚姻家庭编的解释（一）》第二十五条规定了夫妻共同财产的

范围。当夫妻离婚时，可以对夫妻共同财产进行分割。对于夫妻一方的个人财产或子女的个人财产，离婚时是不能进行分割的。对于某些夫妻出资为子女购买、具有人身专属性的财产，应当属于子女的个人财产，而不是夫妻共同财产。

根据《保险法》第十二条第三款的规定，人寿保险是人身保险的一种，其保险标的是被保险人的寿命和身体，具有人身专属性质，对应的保险收益、保单现金价值等财产利益应属于被保险人或受益人的个人财产。在本案中，霍小宁在购买保险时，保险的被保险人、生存受益人均为两人的子女，而并非霍小宁或季峰任意一方。因此，霍小宁所购买保险的保险收益、保险现金价值均属于双方子女的个人财产，对应的给付请求权应由双方子女本人行使。由此可见，季峰在离婚时要求分割该保险收益、保险现金价值的行为是不合理的，无法得到法院的支持。

要维持和谐稳定的夫妻关系，情感上的交流与沟通是必不可少的。如果夫妻之间失去了交流的欲望，这也预示着双方之间的婚姻关系即将走向终结。本案中的霍小宁与季峰因工作长期两地分居，出发点本来是为子女和对方创造更好的生活条件，可最终却成了两人离心离德的导火索。广大夫妻除了要了解本案中蕴含的法律道理外，还要吸取两人在相处中的教训，多多保持沟通，及时联络感情。

心理解读

◎男方剖析

季峰是一个只能共患难而不能同富贵的人。他与霍小宁刚认识的时候，双方条件都不好，即使是"男主外、女主内"的生活方式，也不会觉得有多少落差，他会为了家庭过上好日子而奋力拼搏。后来，家庭生活越来越好，但他们夫妻长期两地分居，交流不多，缺乏共同语言，导致夫妻感情慢慢消沉。

季峰这样的人，在现实生活中并不罕见。从心理学角度来看，其恰恰呈现了人性真实的一面。当一个人的事业越来越好时，他（或她）的心理需求、精神需求、情感需求、情绪需求就不一样了。当他（或她）发现伴侣跟不上节奏，继续原地踏步时，就会觉得自己值得拥有更优质的伴侣。由此，他（或她）就会对现在的伴侣逐渐失去兴趣和感情，此时，面对花花世界，出轨以至于离婚，都不足为奇。而在离婚的时候，他（或她）也不会在意对方的任何感受。

◎ **女方剖析**

霍小宁长期在家带娃，把三个孩子拉扯大，是典型的家庭主妇。她没有在意自己的成长，没有不断学习，无法给外出打拼的丈夫提供情绪价值，在精神层次上与丈夫产生较大落差，再加上两地分居，导致其与丈夫渐行渐远。

从霍小宁会给孩子们买保险这个事情来看，她对家庭，特别是孩子，是一个有主见的人，但她还是不太了解季峰这样的男人的心理。季峰常年出差，属于见多识广的人。当他生意越做越大，认识的人多了时，自然就会有傲慢心，他会觉得自己有实力、有魅力，面对跟不上自己的妻子，容易移情别恋。

霍小宁为了照顾几个孩子的生活起居，不得不在家做家庭主妇，真的很不容易。这是她为了整个家庭的稳定所作出的贡献。但长期在家照顾孩子，难免会让她失去接触外界、拓宽视野的机会，也会让她忽视外界环境有多复杂。而当她感觉到季峰对她越来越疏远时，她也不知道该怎么办，她已经失去了争取幸福的能力和动力。还好，她早年给孩子们买了保险，为自己和孩子留下了更多的保障，这也是她比其他保姆式妻子有智慧的地方。

◎ **本案总结**

每个人都不能保证另一半一生对自己忠心耿耿，在婚姻里，不仅要为自己的选择负责，更要为自己的未来考虑。结婚后，无论选择外出工作还是全职照顾家庭，都不能忘记学习和进步，要有自己的社交圈，不断提升自己，增强抵御风险的能力。

本案中，女方早年把注意力都放在家中，离婚后恢复了自由身，她可以多出去走走，拓宽视野，这样更容易从之前的经历中走出来。而且孩子们长大了，有自己的世界，她也可以拥有自己的世界。她的前半生放在家庭中，后半生可以更关注自己如何活得更好。得失其实是相对的，她失去一段婚姻，却得到了经历和自由，未来的日子，她把自己塑造好，说不定会有惊喜。

◎ **心灵贴士**

河流是蜿蜒的，我们的人生也不可能只有直路，没有弯路。塞翁失马，焉知非福。通过成功与失败，我们能体验不同的人生、丰富阅历、夯实底蕴，从而成为更温润、更笃定的人。

法律链接

《中华人民共和国民法典》

第一千零六十二条 夫妻在婚姻关系存续期间所得的下列财产，为夫妻的共同财产，归夫妻共同所有：

（一）工资、奖金、劳务报酬；

（二）生产、经营、投资的收益；

（三）知识产权的收益；

（四）继承或者受赠的财产，但是本法第一千零六十三条第三项规定的除外；

（五）其他应当归共同所有的财产。

夫妻对共同财产，有平等的处理权。

《最高人民法院关于适用〈中华人民共和国民法典〉婚姻家庭编的解释（一）》

第二十五条 婚姻关系存续期间，下列财产属于民法典第一千零六十二条规定的"其他应当归共同所有的财产"：

（一）一方以个人财产投资取得的收益；

（二）男女双方实际取得或者应当取得的住房补贴、住房公积金；

（三）男女双方实际取得或者应当取得的基本养老金、破产安置补偿费。

《中华人民共和国保险法》

第十二条 ……

人身保险是以人的寿命和身体为保险标的的保险。

……

>> 第四章 孩子是婚姻结出的"果实",应珍视

继子能否得遗产,扶养关系是关键

题 记

如果没有形成扶养关系,未成年的继子女,对继父母的财产不享有继承权。

案情重现

在一个料峭的冬日中,十六岁的李小勋与父亲李伟的律师见了面。

李伟因故意杀人罪被判处死刑,目前正被羁押在看守所,等待死刑的复核结果。律师这次提出要见李小勋,实际上是为了给他带来父亲的一个口信。

十九年前,李伟与李小勋的母亲在老家结婚。三年后,李小勋出生。在他七岁那年,李伟与妻子因感情不和离婚。离婚后,李小勋归李伟抚养。李伟一直有挣大钱的梦想,想要离开老家,去大城市闯荡。于是,李伟将李小勋托付给父母帮忙照顾,自己孤身一人到大城市打拼。

李伟情商比较高,性格开朗,能说会道,很"会来事儿"。他既干过销售,也卖过保险,懂得察言观色,总能将客户哄得开开心心。但是,他认为这样的工作并不稳定,几经周转,先后换过好几份工作,最后来到一家教培机构上班。

机构的女老板名叫聂琳,比李伟大几岁。平时在工作中,李伟经常和聂琳接触,两人也逐渐熟悉起来。在日常的攀谈中,两人了解到对方都曾有过一段失败的婚姻,而且都有个孩子,不禁同病相怜,有了许多共同话题。李伟人长得精神,为人处事又很体贴,聂琳对他很有好感。李伟见聂琳小有积

蓄，便主动对她展开了追求。而聂琳原本就很喜欢李伟，两人很快就确定了恋爱关系。

不久，李伟与聂琳领取了结婚证。结婚后，李伟将儿子李小勋的户口迁入聂琳名下。聂琳有个女儿名叫聂倩，比李小勋要大几岁，无法在同一所学校上学。为了方便两个孩子上学，李伟与聂琳就分别住在离自己孩子学校较近的房屋内，长期处于分居状态。

随着时间的推移，李伟与聂琳之间的矛盾开始显现。婚后，他经常向聂琳要钱给儿子和在老家的父亲，如果聂琳不给，他便利用共同经营教培机构的机会，在账目上巧立名目以获得金钱。长此以往，聂琳对他有了意见，经常话里话外地说他"吃软饭"，而他为了父亲和儿子能更好地生活，选择忍受。

婚后第四年的二月，有一天李伟与几个朋友一起聚会，喝了不少酒。他回想与聂琳的这几年的婚姻生活，越想越觉得憋屈。当他喝得烂醉回到家中时，聂琳也正气冲冲地在家中等着质问他账本的事情。两人爆发了激烈的争吵，其间，李伟借着酒劲对聂琳拳打脚踢。聂琳打不过李伟，只能躲进卧室哭泣。打完人后，李伟仍觉得自己的怒火没有得到发泄，便向聂琳的女儿聂倩抱怨。可聂倩这几年也看到了李伟经常伸手要钱的事，对他冷嘲热讽。

在酒精的作用下，李伟彻底丧失了理智，扑上去就用枕头死死捂住了聂倩的脸。聂倩激烈挣扎，但她的力气敌不过李伟，最终还是停止了呼吸。发现聂倩死亡后，李伟十分惊慌，但他很快冷静下来，恶向胆边生，干脆一不做二不休，他冲进聂琳的房间，用同样的方法将聂琳杀害。聂琳死亡后，李伟决定让自己也解脱，便拧开了家里的天然气阀门，准备自杀。

天然气泄漏后，很快引起了周围邻居的警觉。在消防人员和物业工作人员的努力下，房门被破开。李伟未能成功自杀，而他杀死聂琳母女二人的罪行因此曝光，并被公安机关抓获。同年12月，李伟因故意杀人罪被判处死刑。

聂琳去世后，留下了一大笔遗产。李伟知道自己犯了杀人罪，对继承遗产没抱什么希望，但他想到了自己的儿子李小勋。他与聂琳结婚时，儿子只有10岁，作为继子，当然有权利继承遗产。于是，李伟便嘱咐律师将这件事情告诉李小勋，让李小勋以继子的身份主张继承聂琳的遗产。

然而，聂琳还有其他的继承人，也就是她的父亲与继母。当年聂琳的父亲与继母结婚时，聂琳只有14岁。继母为人和善，对聂琳视如己出，直到她大学毕业参加工作，继母仍然时不时给她一些补贴，一家人的关系十分和睦。聂琳去世后，父亲与继母悲痛欲绝，向法院提起诉讼，要求确认杀害聂琳的李伟丧失继承权。可李伟却认为，他虽然丧失了继承权，但他与聂琳结婚时李小勋只有10岁，同样与聂琳之间形成了实际上的扶养关系，李小勋有权继承聂琳的遗产。

法院经过审理，认定了以下几方面的事实：第一，继母与聂琳感情很好，两人长期生活在同一屋檐下，继母长期陪伴、抚养、教育聂琳，两人之间形成了事实上的扶养关系，继母享有继承权；第二，李伟故意杀害聂琳的情节属实，依法丧失继承人资格；第三，虽然李小勋是未成年人，但聂琳与李伟结婚后，两人长期分居，各自抚养子女，与李小勋之间并没有形成事实上的扶养关系。并且，李伟故意杀害聂琳及其女儿，而李小勋作为李伟的儿子，如果继承聂琳的遗产，不仅不符合公序良俗的要求，也会大大伤害聂琳父亲与继母的感情。基于以上考虑，法院作出李伟与李小勋不得继承聂琳遗产的判决。

律师解答

本案的焦点问题是死者聂琳的遗产应当如何继承。根据《民法典》第一千一百二十七条的规定，聂琳的父亲、已经形成扶养关系的继母、作为丈夫的李伟，都属于第一顺序继承人，可以继承聂琳的遗产。当然，如果形成扶养关系，继子李小勋也可以成为第一顺序继承人。

而故意杀害被继承人的行为侵害了被继承人的生命权，让其继承被继承人的遗产，这样的事情为我国法律与社会伦理所不容，因此，《民法典》第一千一百二十五条第一款第一项明确规定故意杀害继承人的，丧失继承权。在李伟杀害聂琳后，他就无权再继承聂琳的遗产。

同时，需要注意的是，根据《最高人民法院关于适用〈中华人民共和国民法典〉继承编的解释（一）》第七条及第八条的规定，故意杀害被继承人属于丧失继承权的硬性规定，且不以被继承人死亡为条件。即使被继承人未死亡，或将实施杀人行为的继承人列入遗嘱继承人的，依然不影响该继承人继承权的丧失。

此外，法庭辩论的重点聚焦在聂琳的继母与继子李小勋是否享有遗产继承权的问题上。聂琳的父亲与继母结婚时，聂琳只有14岁，尚未成年。在之后的多年内，继母与聂琳一直共同生活，并且花费了大量的心血与金钱培养、陪伴她，两人之间已经形成胜似母女的亲密关系。因此，应当认定继母与聂琳之间形成了事实上的扶养关系，继母享有继承权。李小勋虽然同样是未成年人，但并未与聂琳一起生活，而是由其父亲李伟照料，他与继母聂琳之间的感情十分淡薄，不能认定两人之间存在扶养关系。因此，李小勋不享有继承权，无权继承聂琳的遗产。

本案在法理之外，同样还涉及对伦理道德的巨大冲击。李伟与聂琳是夫妻，互为枕边人，本应是最亲密的关系，却因缺乏沟通与理解，造成了无法挽回的结果。聂琳及其女儿失去了生命，而李伟也将为他的杀人行为付出代价。夫妻之间，应当开诚布公，在双方对对方足够了解与信任的基础上再步入婚姻。否则，虽不至于犯下故意杀人罪，但婚姻生活中也可能矛盾不断，出现其他纠纷。

心理解读

◎ 男方剖析

李伟是一个特别敏感卑微的人。他对别人不尊重和轻视自己难以忍受，正是如此，他才会因为聂倩的话而崩溃。聂倩的话使李伟丧失了理智，做出杀人的极端行为。同时，李伟的情绪很复杂、易波动。所以，他一旦被在意的人击中软肋，就会控制不住自己而陷入无休止的黑洞里。因为不被尊重，被外人否定而内心出现自我否定。自我否定又引起更强烈的自卑，强烈自卑又激发脆弱的自尊，并拼尽全力甚至不择手段维护自尊。就这样，他通过攻击别人减轻自卑心理，维护脆弱的自尊。当一个人陷入情绪旋涡里时，就像火山爆发一样，已经不知道自己在做什么，无法自控。

对情绪的自我调节是一个人最重要的能力之一。情绪稳定的人才足以让人信赖，无论是伴侣还是合作伙伴，大家都会更喜欢情绪稳定的人。而这样的人，可能是从和谐美满的原生家庭长大，有同样心智成熟、情绪稳定的父母，会让他特别有安全感；要不就是在后天成长中，经历过很多波浪，在风雨中沉淀下来，拥有沉着、笃定和冷静的底气。

◎ **女方剖析**

聂琳的命运是可悲的。她与前夫离婚后，一边打拼事业，一边独自带孩子。当她遇到了李伟时，以为他温柔体贴，适合过日子，想不到李伟是为了钱才和她在一起，婚后以用各种借口多次向她要钱。

聂琳是孤独且善良的。她以为只要自己不害人，别人也不会害她。她无原则的善良和不设防，使其对公司财务管理很随意，没有严格按照财务管理制度行事。并且，她对丈夫一开始侵占公司钱财的行为选择漠视，这不断刺激丈夫一步步地放大私欲。聂琳和她女儿聂倩看不惯李伟虚伪的情感和自私的心态，对他的所作所为很鄙视，终于忍无可忍地进行了言语攻击。让人想不到的是，李伟竟然隐藏着一颗暴虐的心，他连杀聂琳母女两人，并企图以自杀维护最后的一点自尊。

◎ **本案总结**

在本案中，男方的内心深处有很深的暴力倾向。而这样的心理状态不是一天形成的，在日常生活中肯定也会显现。但女方完全没有意识到男方是极度危险的人，她的完全不设防，导致没能守护好自己和女儿。

女人离婚后带孩子再婚，不仅要在经济上保持独立，还要保证经济安全。其实，再婚后经济是否安全，很大程度上取决配偶的人品。决定再婚时，要考虑再婚对象的人品是否够好、做事是否踏实稳重、情绪是否稳定，除此之外，还要考虑生活习惯、感情基础以及是否能够与彼此的孩子和谐相处等因素。并且，任何时候，都不要拿钱挑战人性。再婚的双方没有共同的孩子，便没有后顾之忧，一旦出现夫妻矛盾，很可能演变成你死我活的战争。

◎心灵贴士

俗话说："害人之心不可有，防人不可无。"我们要丰富自己的阅历，来增强预防风险、抵御伤害的能力。人生之路，犹如逆水行舟，不进则退。面对坎坷，我们不能逃避，更不能退却。我们要不断增强自己的耐挫力和坚韧度，让自己成为更沉稳、更宽广、更笃定的存在。

法律链接

《中华人民共和国民法典》

第一千一百二十五条 继承人有下列行为之一的，丧失继承权：

（一）故意杀害被继承人；

……

第一千一百二十七条 遗产按照下列顺序继承：

（一）第一顺序：配偶、子女、父母；

（二）第二顺序：兄弟姐妹、祖父母、外祖父母。

继承开始后，由第一顺序继承人继承，第二顺序继承人不继承；没有第一顺序继承人继承的，由第二顺序继承人继承。

本编所称子女，包括婚生子女、非婚生子女、养子女和有扶养关系的继子女。

本编所称父母，包括生父母、养父母和有扶养关系的继父母。

本编所称兄弟姐妹，包括同父母的兄弟姐妹、同父异母或者同母异父的兄弟姐妹、养兄弟姐妹、有扶养关系的继兄弟姐妹。

《最高人民法院关于适用〈中华人民共和国民法典〉继承编的解释（一）》

第七条 继承人故意杀害被继承人的，不论是既遂还是未遂，均应当确认其丧失继承权。

第八条 继承人有民法典第一千一百二十五条第一款第一项或者第二项所列之行为，而被继承人以遗嘱将遗产指定由该继承人继承的，可以确认遗嘱无效，并确认该继承人丧失继承权。

>> 第四章 孩子是婚姻结出的"果实",应珍视

强制执行有期限,超出期间维权难

> **题 记**
>
> 申请执行的期间为两年,超出该期间的,判决确定的权利很可能变成一纸空文。

案情重现

杨慧与庄兴亮是同村人,两人就读于同一所小学,算是儿时玩伴。虽然庄兴亮要比杨慧大几岁,但两家住得近,两人的关系一直很亲近。

杨慧初中毕业后,考上了城里的中专,学习护理,而庄兴亮则留在当地继续读高中。庄兴亮念完高中,决定离开自小生长的村子,前往城里打工拼搏。经过几年的奋斗,他攒下了自己的第一笔积蓄,并用这笔积蓄开了一家小店,将小店经营得有声有色。

而此时的杨慧也已经从中专毕业,成为一名护工,专职照顾老人和产妇。也许是上天注定的缘分,让杨慧与庄兴亮再次相见。久别重逢的两人一见面,便回忆起儿时一起玩耍的旧时光。在这陌生的城市里,杨慧与庄兴亮格外怀念从前的单纯与美好,经常相约出来见面。两人都到了风华正茂的年纪,没多久就擦出了爱情的火花,确立了恋爱关系。才恋爱不过几个月,庄兴亮便向杨慧求了婚。正处于热恋期间的杨慧幸福地接过了庄兴亮手中的戒指。

婚后,小夫妻两人仍然非常恩爱,没多久就生下了一个儿子和一个女儿。两人共同经营着庄兴亮的小店,日子过得有滋有味,没过几年便购买了一套房屋,一家人过着平淡却温馨的生活。

五年后，杨慧发现自己又怀孕了。结婚多年，夫妻两人也有了不少积蓄。为了孩子们的将来着想，杨慧与庄兴亮商量再买一套房。可当地有限购政策，一个家庭只能购买一套房。为了买房，夫妻两人豁出去了，准备"假离婚"！

商量好相关事项以后，杨慧与庄兴亮没有耽搁，立即前往民政局办理了离婚手续。可真的离婚之后，他们发现自己试图钻空子的行为只是徒劳，仍然不能购买第二套房屋。见原本的计划落空，两人只能立即复婚。

虽然没打算真的离婚，可这次的"闪离又复婚"似乎给他们的婚姻埋下了一颗不安定的种子。自从复婚后，杨慧与庄兴亮便总是因为生意上或是家庭上的琐事争吵。由于总是与杨慧针锋相对，庄兴亮便转身投入其他女人的怀抱，时常在外与情人过夜，对家庭不管不顾。即便回了家，他也总看妻子和孩子不顺眼，不是挑这个的刺、就是揭那个的短，甚至还会动手打人，把好好的家搞得鸡犬不宁。

杨慧无法继续忍受与庄兴亮一起生活，便向法院提起了离婚诉讼。经过审理，法院判决二女儿与小儿子由杨慧直接抚养、大儿子由庄兴亮直接抚养。杨慧每月向庄兴亮支付一个孩子的抚养费1000元，庄兴亮向杨慧支付两个孩子的抚养费共计2000元。两人婚后购买的房屋归杨慧所有，未偿清的贷款由杨慧继续偿还，并由她在扣除房屋按揭贷款后向庄兴亮支付房屋一半价值的补偿。

判决生效后，杨慧很快就将补偿全部付清。可庄兴亮不仅迟迟不愿意支付二女儿和小儿子的抚养费，甚至对大儿子也漠不关心。他时常以有生意、有应酬为由，将十几岁的大儿子独自一人留在家中，或者直接将大儿子送到杨慧那里，自己当甩手掌柜。杨慧心疼大儿子没人管，便将大儿子留下一起照顾。多年来，庄兴亮没有对三个孩子尽到任何的义务，三个孩子的生活费、教育费、医疗费都是杨慧一人承担。每当杨慧要求庄兴亮给付抚养费时，庄兴亮都会哭穷卖惨，不是说自己生意不好做，就是说有债主追债。惦念从前的夫妻情分，杨慧不想做得太绝，便始终没有向法院申请强制执行。

就这样过了八年，杨慧在与朋友聊天时，意外得知庄兴亮竟然早已有了家庭，甚至还有了孩子。听到这里的杨慧既震惊又愤怒，原来这么多年来庄兴亮一直在骗自己！她想方设法打听到庄兴亮现在的住处，偷偷前往查看。当杨慧看到庄兴亮一家人住着大房子又开着豪车时，她毫不犹豫地决定，要向法院申请强制执行，让庄兴亮把这些年没承担的责任补回来！

没过多久，杨慧便向法院提出了申请，请求执行这八年来庄兴亮拖欠的两个孩子的抚养费共计20万元。在法庭上，庄兴亮又开始反复强调自己的不易。但当着孩子的面，他又想维护自己作为父亲的尊严，只能以自己曾给过大儿子不少钱，这些钱也有二女儿和小儿子的份儿这样的借口来证明自己尽到了抚养责任。但见自己的卖惨不起作用，庄兴亮又提出法律规定的执行期间为两年，杨慧申请的期间为八年，显然有六年时间超出了法律规定的范围，对于超出部分的金额他可以不支付。

见庄兴亮仍然执迷不悟，审判长只能动之以情、晓之以理，用父母子女之间的亲情来说服庄兴亮。虽然杨慧申请的抚养费支付期间超出了法律规定的两年执行时效，但是这20万元抚养费是他本来就应该给自己亲生骨肉的。他现在对孩子们尽到抚养的责任，等他上了年纪，孩子们自然也会孝敬他。在审判长的劝说以及孩子们的殷殷期许下，庄兴亮终于认识到了自己这些年来的错误，同意支付拖欠的抚养费共计17万元。

律师解答

法院作出的判决书、裁定书等法律文书具有强制性，对当事人具有法律约束力，当事人必须履行。根据《民事诉讼法》第二百四十七条第一款的规定，一方拒绝履行的，对方当事人可以向人民法院申请执行，也可以由审判员移送执行员执行。在本案中，杨慧与庄兴亮通过诉讼的方式离婚。法院出具的判决书不仅标志着杨慧与庄兴亮之间婚姻关系的结束，还对双方子女的抚养以及夫妻共同财产的分割问题进行了处理。杨慧与庄兴亮都有义务履行判决书的内容，按照判决书向对方直接抚养的子女给付抚养费。对于庄兴亮明明有给付能力却拒绝给付的行为，杨慧有权向法院申请强制执行。

需要注意的是,《民事诉讼法》第二百五十条规定申请执行的期间为二年。这里的期间从法律文书规定履行期间的最后一日起计算;法律文书规定分期履行的,从最后一期履行期限届满之日起计算;法律文书未规定履行期间的,从法律文书生效之日起计算。

也就是说,申请执行的期间是有限制的。这样规定,一方面是为了督促当事人行使权利,另一方面是为了节约司法资源。如果当事人超出法律规定的期间申请强制执行,其权利将很难得到保障。在本案中,给付抚养费属于分期履行,按照上述法律规定,杨慧有权向法院申请执行最近两年的抚养费,而前面六年的抚养费则过了两年的强制执行期限。如果不是法官通过调解,对庄兴亮进行感化,那么杨慧可能只能拿到最近两年的抚养费。

曾经的恩爱夫妻两次对簿公堂,造成这一结果的,不仅是庄兴亮的自私、无情,还有杨慧的心软和一再忍让。当发现庄兴亮怠于履行义务时,杨慧应当机立断,采取措施向法院申请强制执行,这样才能最大限度上保障其权益不受侵害。

心理解读

◎男方剖析

庄兴亮是自私的、不负责任的。他和杨慧本来是一起长大的同学,有感情基础,婚后又孕育了三个孩子,本来是其乐融融的一家人。但庄兴亮并不珍惜已有的生活,他的内心已经对杨慧产生厌倦,所以制造出很多无谓的争吵,就是为了达到离婚的目的,摆脱这段让他厌烦的家庭关系。

同时,庄兴亮的行为也展现了人性的阴暗面。离婚后,他深知杨慧是传统的、负责任的女人,就把三个孩子都丢给杨慧,自己暗地里组建新家庭,过着不错的生活,完全不管三个孩子的生活如何维系。他把自己本该承担的责任强加给前妻,对孩子们既不关心问候,也不给抚养费,妄图逃避养育孩子的义务。他是精明的人。他的内心有一个算盘,只想得到好处,不想有任何付出。还好,孩子们都跟随杨慧长大,不会被自私自利的庄兴亮影响。试想,一个没有责任心的人,如何能给予孩子正向的影响?

◎ 女方剖析

杨慧是一个既朴实又善良的人，她没有庄兴亮那么多的小心思，也不是精明、会算计的人。离婚后，庄兴亮对三个孩子不闻不问，还骗她说自己挣钱不容易，没有能力给付抚养费时，她没有多想，而是默默地承担了一切。

其实，杨慧对庄兴亮还是有感情的，所以她一直被自己的想象迷惑。她太单纯，不知道庄兴亮的真面目，一直以为庄兴亮只是和自己斗气，不是真的抛弃自己，她没有看出庄兴亮是虚伪和自私的人。很多年之后，她才通过朋友得知庄兴亮再婚，早已过上不错的生活，这时她幡然醒悟，也终于看清了庄兴亮的真面目，痛定思痛后通过法律手段为三个孩子争取抚养费。

多年以来，杨慧既当爹又当妈，含辛茹苦地把孩子们拉扯大，在这个过程中承受了很多不为人知的辛酸。她的经历让人觉得心疼，但她的磨难最终会变成力量的源泉，促使她读懂人性，让她变得更成熟稳重。而她对家庭的担当、对孩子们的用心良苦也会让她从中得到滋养，获益良多，她的言行会给孩子们传递正向的影响力，这也是最宝贵的财富。

◎ 本案总结

在本案中，男女双方是青梅竹马，感情基础扎实。但女方对男方过于包容，当男方拒绝支付抚养费、拒绝抚养孩子们长达八年时，女方无底线、无原则地包容、原谅，最终一步步纵容男方一错再错地违背良知，抛弃孩子。可以说，在一定程度上，女方的过于善良客观上鼓励了男方犯错，让男方感觉即便违法（不支付抚养费、不养育大儿子），也不用承担法律责任。同时，女方过度的单方付出，自我牺牲似的善良，客观上严重伤害了三个孩子的基本利益——缺乏充分的经济抚养保障，女方对三个孩子的花费总是紧紧巴巴的，这就有可能导致孩子心理上产生贫穷、自卑和缺失感。

◎ 心灵贴士

人总是吃一堑长一智，很少有人会一直顺遂。但世界上没有白走的路，我们走过的弯路、经历过的坎坷，最终都会帮助我们成为更好的自己。经历艰难的过程，是塑造个人核心品质的关键时刻。无论遇到什么样的困难，我们都要做好自己，守护好本心、原则与底线。

法律链接

《中华人民共和国民事诉讼法》

第二百三十五条 发生法律效力的民事判决、裁定，以及刑事判决、裁定中的财产部分，由第一审人民法院或者与第一审人民法院同级的被执行的财产所在地人民法院执行。

法律规定由人民法院执行的其他法律文书，由被执行人住所地或者被执行的财产所在地人民法院执行。

第二百四十七条 发生法律效力的民事判决、裁定，当事人必须履行。一方拒绝履行的，对方当事人可以向人民法院申请执行，也可以由审判员移送执行员执行。

调解书和其他应当由人民法院执行的法律文书，当事人必须履行。一方拒绝履行的，对方当事人可以向人民法院申请执行。

第二百五十条 申请执行的期间为二年。申请执行时效的中止、中断，适用法律有关诉讼时效中止、中断的规定。

前款规定的期间，从法律文书规定履行期间的最后一日起计算；法律文书规定分期履行的，从最后一期履行期限届满之日起计算；法律文书未规定履行期间的，从法律文书生效之日起计算。

第五章

婚姻乃人生大事，
　切莫等闲视之

同居生活无保障，男女需要三思行

> **题　记**
>
> 同居不属于法律所承认的婚姻关系，因同居发生财产、抚养子女纠纷，很可能出现吃亏的一方。

案情重现

正在上班的白月收到了来自朋友的消息："后天我过生日，叫了好几个很久没见的朋友，想借机会聚一聚，你可一定得来啊！"

白月与这位朋友有很多年的交情了，两人高中时便是同班同学，大学又考到同一所学校。后天他过生日，既然叫了白月，她便没有不去的道理。到了朋友生日当天，白月带上给朋友准备的生日礼物，前往赴约。

到了聚餐地点，白月发现在场的一个人她没有见过。那人性格看起来十分开朗，与周围的人无论男女都打成一片。朋友私下里告诉白月，这个人叫唐伟，和白月一样是单身，今天把他叫来，就是为了将他介绍给白月。白月对唐伟的印象还不错，便同意与他加了微信。

那天一见到白月，唐伟就被她清丽的外表深深吸引了。见面过后，唐伟对白月很是热情，同时又不失细心体贴，他热烈的追求很快就打动了白月的心。两人恋爱几个月后，唐伟租的房子快到期了，他趁机向白月提出，两人都是工薪族，现在又是男女朋友，如果合租，每个月能省下不少租房钱。白月觉得唐伟的话有道理，便同意了他的提议，两人正式开始了同居生活。

白月与唐伟是热恋中的情侣，如今又住到了一起，很快就越过了最后一道界限。白月觉得两人感情稳定，不禁开始考虑以后的生活，便向唐伟提出了结婚的打算。唐伟对白月感情正浓，她说的话没有不答应的。于是两人一拍即合，拿出工作后的积蓄共同付了一套房屋的首付款，并打算将这套房屋当作日后的婚房。

买了婚房，白月对两人的感情更有信心了。没多久，她就发现自己怀孕了。初为人母的喜悦涌上心头，白月迫不及待地将这个消息告诉了唐伟。唐伟自然是喜不自胜，对白月更加温柔体贴，照顾周到。

随着日子一天天过去，白月怀孕的反应越来越严重，外表也逐渐有了变化。看着昔日美丽苗条的女友如今整天素面朝天，小腹逐渐隆起，皮肤上还长出了妊娠纹，唐伟对白月的热情越来越淡。再加上受孕期激素的影响，白月的情绪很不稳定，时常发脾气，这也让唐伟感到越来越厌烦，甚至不想回家。

渐渐地，白月察觉出了唐伟的变化，对他起了疑心。在关注了一段时间唐伟的行踪后，白月绝望地发现，唐伟竟然背着她找了新的女朋友！发现这件事后，白月又哭又闹，可她这样的表现更加剧了唐伟的不耐烦。面对白月的眼泪，他甚至说道："咱俩还没结婚，谁知道你肚子里的究竟是不是我的孩子？"

白月不敢相信唐伟居然会说出这样的话。她想过打掉肚子里的孩子和唐伟提分手，可是孩子月份大了，做流产手术很危险。她也不想让孩子出生后因为没有爸爸而被人指指点点，便咽下了心中的委屈，想要挽回唐伟。可唐伟去意已决，对白月的挽回不为所动，甚至还对她动了手。白月寒了心，与唐伟分手。

两人分手后，同居期间一起购买的房屋便成了主要的矛盾。白月的收入比较高，积蓄也比较多，当初付首付款时，她出了更多的份额。后期也主要是白月在偿还贷款。唐伟提出，要他认孩子可以，但是房子的分割方案必须让他满意。白月不愿意生一个"生父不详"的孩子，只能忍下委屈同意了唐伟的要求。

最终，白月与唐伟签订分手协议，约定该房屋由白月所有，白月按照该房屋三分之一的价值对唐伟进行补偿。唐伟每个月向孩子支付 2000 元抚养费，直到孩子年满 18 周岁。

律师解答

婚姻制度的意义在于从法律的角度为夫妻之间权利的行使与义务的履行提供保障。男女双方以夫妻的名义共同生活后，在财产上很难维持泾渭分明的界限，此外，还可能会生育子女。在这种情况下，如果男女双方结束同居关系，将很容易产生财产归属与分割纠纷，对孩子的抚养问题也会有所争执。如果男女双方领取了结婚证，存在法律承认的婚姻关系，那么这些问题自然会在法律的规制下迎刃而解，从而保障双方以及子女的权利。可是，如果男女之间不存在法律承认的婚姻关系，双方又无法达成协议，将可能会面临权利无法受到保障的困境。

在本案中，白月与唐伟虽然同居并且有了孩子，但两人始终没有办理正式的结婚登记手续，尚不成立法律上的婚姻关系。可以看出，当两人的同居关系结束时，不仅面临财产的分割纠纷，还面临子女的抚养纠纷。由于两人并没有领取结婚证，他们之间的同居关系并不能受到法律的保护，在财产分割的问题上很容易出现一方吃亏的情况。白月与唐伟之间的财产协议虽然是双方自愿达成的，但实际上为了让孩子得到认同，白月是做出了一定的让步的。这也是同居关系不受法律保护这一弊端的体现之一。

根据《最高人民法院关于适用〈中华人民共和国民法典〉婚姻家庭编的解释（一）》第三条的规定，同居关系并不是婚姻关系，如果因单纯解除同居关系而提起诉讼的，法院是不会受理的。但是，如果男女双方就财产问题或子女问题无法达成协议，可以向法院提起诉讼，由法院针对具体情况进行判决。同时，《最高人民法院关于适用〈中华人民共和国民法典〉婚姻家庭编的解释（二）》第四条对同居双方均无配偶的析产纠纷案件的财产归属作出了进一步的规定。其中，对于共同出资购置的财产，有约定的，按照约定处理，没有约定且协商不成的，法院会以各自出资比例为基础，综合考虑共同生活情况、有无共同子女、对财产的贡献大小等因素进行分割。本案中，白月如果不是为了孩子而做出让步，选择诉讼析产，大概率会得到绝大部分房产。

不容忽视的是，白月腹中的孩子并不是法律上的婚生子女。在合法的婚姻关系中诞生的子女，在没有相反证据证明的情况下，法律将认定其为父母双方的亲生子女，父母自然应当对其承担抚养义务。但是对于非婚生子女来说，没有了婚姻这一层保障，要认定其是否为父母双方的亲生子女，还需要另行证明，例如亲子鉴定报告等。

根据《民法典》第一千零七十一条的规定，只要能够证明是父母的亲生子女，无论是否婚生，都不影响子女应当享有的权利，父母均应当对其承担抚养义务。在本案中，白月与唐伟的孩子虽然是非婚生子女，但并不能免除唐伟对孩子的抚养义务，他仍然需要向孩子给付抚养费。

在当前的社会环境中，虽然非婚生子女与婚生子女在法律上的地位平等，但在生活中仍然面临较多的困境，例如出生证、户口、上学等问题。要改善这一点，除了需要更加完善的落实法律规定外，还需要父母在生育子女时要保持理智，充分考虑后再决定是否要生育子女。以本案为例，虽然白月自认为与唐伟感情稳定，但两人尚未领取结婚证，还存在很多不确定的因素，此时并不是生育孩子的最好时机。秉持着对自己负责，也对孩子负责的态度，父母至少要在考虑好将来的打算后再生育子女，避免出现本案中的情况。

心理解读

◎男方剖析

唐伟的心思很复杂，对异性没有真情实意，女性只是他证明个人魅力的手段。他通过不断征服女性身体和榨取钱财，在内心深处以获得阴暗、猥琐的社会存在感。

唐伟感情经历丰富，能很自然地把女性哄得团团转。认识白月后，他一步步地接近她，先让她爱上自己，然后又让她同意同居、买房等，满足他的欲望。唐伟对白月并没有多少感情，只是觉得她很单纯，容易控制，后来白月怀孕后，他很快对她失去了兴致，转而找了别的女朋友，即寻找下一个"猎物"。

唐伟的价值观是利用别人成就自己，是精致的利己主义者。他一点都不在意别人的感受，女友只是他的门面和工具而已，亲生孩子也不能得到他的重视。唐伟这种类型的男人还会把自己的思维灌输给交往的女友，对女友进行洗脑，最终达到骗感情、骗色、骗财的目的。这类男人的内心极度自私，对感情、爱情、婚姻没有基本的责任心，不愿意担负家庭责任，缺乏道德感。女性仅仅是他们玩弄的对象，不是精神的伴侣，更不是情感的归宿。

◎ **女方剖析**

白月性格单纯，对爱情充满憧憬，但缺乏自我保护能力。她一旦喜欢上一个人，就很容易被甜言蜜语迷惑。她在感情上喜欢跟着感觉走，缺乏全面了解、观察男人的能力。越是口才好，看起来特别懂人情世故，时刻懂得讨好女性的男人，越需要深入了解。在全方位了解他以前，不要过早地投入太深的感情，更不要轻易地怀孕，毕竟结婚和生育孩子是一件慎重的事情。白月在同居的时候未采取避孕措施而怀孕，导致自己很被动。

白月是一个特别善良的人。一段靠谱的关系，可以让一个人少走很多弯路，但对于善良的人来说并不容易，因为她们没法想象人的内心世界会有多复杂。善良是一件值得推崇的事情，但如果善良被别人利用就会失去原本的价值，甚至成为助纣为虐的工具。所以，善良的人更需要成长和学习自我保护的智慧。白月亦是如此。

◎ **本案总结**

在本案中，女方在没有充分了解男方的情况下与其同居、怀孕，没有等来迈入婚姻的殿堂，曲终人散。一方面，这是因为男方是个十足的"渣男"；另一方面，是因为女方"恋爱脑"严重，在没有看清楚男方真面目之前就托付了终身。

现实中，我们可以看到，男女之间很多时候是因为一见如故走到一起，一见钟情爱得忘乎所以。但这样的感情往往源于激情而不是真正的爱情，它经不起考验和外界的诱惑。

结婚前，应尽量多去接触伴侣的亲朋好友，从亲友中了解对方，也要让对方多融入自己的圈子，毕竟多相处才能更了解一个人。只有愿意花时间和伴侣相处，多去了解彼此，才有可能遇到那个真心相待的人。

◎ 心灵贴士

寻找人生伴侣不是一件易事，我们需要拓宽视野、稳定心性。同时，只有经过充分了解、深思熟虑的感情，才能步入同频共振的婚姻生活，从而实现稳稳的幸福。

法律链接

《中华人民共和国民法典》

第一千零七十一条 非婚生子女享有与婚生子女同等的权利，任何组织或者个人不得加以危害和歧视。

不直接抚养非婚生子女的生父或者生母，应当负担未成年子女或者不能独立生活的成年子女的抚养费。

《最高人民法院关于适用〈中华人民共和国民法典〉婚姻家庭编的解释（一）》

第三条 当事人提起诉讼仅请求解除同居关系的，人民法院不予受理；已经受理的，裁定驳回起诉。

当事人因同居期间财产分割或者子女抚养纠纷提起诉讼的，人民法院应当受理。

《最高人民法院关于适用〈中华人民共和国民法典〉婚姻家庭编的解释（二）》

第四条 双方均无配偶的同居关系析产纠纷案件中，对同居期间所得的财产，有约定的，按照约定处理；没有约定且协商不成的，人民法院按照以下情形分别处理：

（一）各自所得的工资、奖金、劳务报酬、知识产权收益，各自继承或者受赠的财产以及单独生产、经营、投资的收益等，归各自所有；

（二）共同出资购置的财产或者共同生产、经营、投资的收益以及其他无法区分的财产，以各自出资比例为基础，综合考虑共同生活情况、有无共同子女、对财产的贡献大小等因素进行分割。

>> 第五章 婚姻乃人生大事，切莫等闲视之

结婚复婚又"假离"，闹剧结束一场空

题 记

婚姻不是儿戏，更不是利益的摇篮；从来没有"假离婚"之说，一旦办理离婚手续，夫妻关系便不再受法律保护。

案情重现

段江雪气势汹汹地来到姜恒前不久刚买的新房外，完全不顾是否会吵到邻居便开始砸门："姜恒！我刚才可看见你进门了！你今天要是不答应和我复婚，我就待在这儿不走了！"

听段江雪这么说，姜恒只能忍住心中的愤恨，打开门让她进屋说话。他冷眼看着一进门就赖在沙发上的段江雪："你以前做了什么对不起我的事儿你心里清楚，我是不会和你复婚的！"

"可是咱们说好了的，离婚只为了买房，房子一过户就复婚的！"段江雪着急了，"那些都是过去的事儿了，现在在我心里只有你一个人，想好好跟你过日子，这还不行吗？"

见姜恒仍然不为所动，段江雪只能撂下一句狠话："既然这样，你就别怪我绝情了！"说完，她便抹着眼泪离开了。

十几年前，经过朋友的介绍，姜恒认识了当时只有二十出头的段江雪。年轻的段江雪就像她的名字一样，长得肤白胜雪、楚楚动人，姜恒对她几乎一见钟情，立刻展开了追求。姜恒工作能力强，为人有担当，段江雪对他也很有好感，一来二去，两人便确定了恋爱关系。

恋爱两年以后，两人的感情仍然像热恋时期一样好。姜恒在朋友们的见证下，向段江雪求了婚。婚后一年，段江雪就生下了两人爱的结晶。有了孩子，夫妻两人的感情本应在孩子的维系下更加坚固。可此时的姜恒事业正处于上升期，经常需要出差，一年中有大半年的时间都不在家。段江雪一个人带着年幼的孩子，既没人帮她的忙，也没人能在她心情低落时纾解她的情绪。时间一长，她感到分外的孤独寂寞。

正巧在这个时候，段江雪工作的单位来了一个新的领导徐正平。徐正平原本在其他城市的分公司工作，升职后被调至总公司，而他的妻子为了陪伴上学的孩子留在了家中。只身赴任的徐正平身边没有妻子陪伴，有着和段江雪一样的心情。两个孤男怨女凑到一起，自然格外有共同话题。平时工作之余，徐正平经常约段江雪吃饭或玩乐，两人的关系也在一次次接触中逐渐越界。

姜恒长时间不在家，而徐正平长时间陪伴在段江雪左右，在渴望爱情的她的心中，丈夫的位置早已被徐正平替代。在一次约会过后，徐正平向段江雪透露，他已经在着手准备离婚手续，想要离婚后和她在一起。被感情冲昏头脑的段江雪立即表示自己也愿意和姜恒离婚。之后，段江雪对姜恒更冷淡了，还经常找借口和他吵架，把家里搞得鸡犬不宁。当她终于提出离婚时，姜恒以为是这些年自己一直不在家才让妻子积怨已久，心怀愧疚，便同意了离婚。

段江雪与姜恒办理完离婚登记手续以后，便开始满怀期待地等待着徐正平离婚的"好消息"。可令她没想到的是，徐正平竟然告诉她，他的妻子以死相逼不愿意离婚，他实在没有办法。见段江雪情绪激动，徐正平连忙表示自己最爱的还是她，不离婚也没关系，他们依然可以像以前一样保持着地下情人的关系。听了他的话，段江雪感到十分不可置信，此时她才幡然悔悟，发现徐正平就是一个只会甜言蜜语的"渣男"。她想到本分踏实的姜恒，心中悔不当初，决心与姜恒复婚！

为了与姜恒复婚，段江雪可谓煞费苦心。她找到姜恒的住处，每天哭诉离婚后自己有多么后悔，又试图以两人的孩子来感化他，声称孩子还小，不能没了父亲。在她的坚持不懈下，姜恒终于被打动，两人到民政局办理了复婚手续。两年后，他们生下了第二个孩子。

>> 第五章 婚姻乃人生大事，切莫等闲视之

随着两个孩子渐渐长大，他们决定再买一套房子，当作两个孩子未来的财产。可是段江雪与姜恒名下已经有一套住房了，按照当地的购房规定，他们并没有购买第二套房的指标。为了购房，姜恒与段江雪约好，两人先办个离婚证"假离婚"，等买完房再复婚。约定好以后，两人便签了离婚协议，到当地的民政局办理了离婚手续。离婚后不久，姜恒便以自己的名义购买了一套房屋。

房屋过户以后，段江雪开始催促姜恒复婚。可此时的姜恒却在无意中发现，当初段江雪闹着要离婚，竟然是因为她与别人有染！这个消息对于姜恒来说犹如晴天霹雳，他不敢相信在他眼中甜美可人、毫无心机的妻子竟然在背地里给他戴了"绿帽子"。气愤难当的姜恒毅然搬进自己新买的住房中，决心与段江雪一刀两断。

无论段江雪怎样威逼利诱，姜恒这次都坚决不同意复婚。气急败坏的段江雪一怒之下，以离婚后财产纠纷为由向法院提起了诉讼，状告男方离婚期间隐瞒并转移财产70万元，要求分得这些所谓的被隐匿的财产。她倒打一耙，声称姜恒在婚内出轨，并将婚内财产转移给"第三者"。法院经过审理后，发现段江雪并不能为自己的主张提供任何证据，最终判决其败诉，并驳回了她全部的诉讼请求。

律师解答

夫妻双方准备离婚时，应当拟定离婚协议，在协议中约定夫妻共同财产的分割以及子女的抚养问题。签订离婚协议后，双方都有义务遵守离婚协议的内容。但是，如果在签订离婚协议时，一方存在转移夫妻共同财产等严重侵害对方权利的行为，即使已经离婚，另一方也有权再次提起诉讼，要求再次分割夫妻共同财产。

根据《民法典》第一千零九十二条及《最高人民法院关于适用〈中华人民共和国民法典〉婚姻家庭编的解释（一）》第八十三条和第八十四条的规定，当事人在离婚后申请再次分割夫妻共同财产的，需要满足以下两个条件：第一，所需要分割的财产属于离婚时未涉及的财产；第二，应当在法律规定

的诉讼时效期间内向法院提起诉讼。同时，当事人在申请再次分割夫妻共同财产时，还应当将另一方存在隐藏、转移、变卖、毁损、挥霍夫妻共同财产，或者伪造夫妻共同债务企图侵占另一方财产的相关证据提交法院，以便法院对事实进行审查。本案中，段江雪状告男方离婚期间隐瞒并转移财产70万元，但是因无法提供相关的证据，诉求没有得到法院的支持。

此外，需要说明的是，现实生活中没有"假离婚"。就像姜恒与段江雪起初为了购买房屋"假离婚"，但一旦他们办理了离婚登记手续，这就代表在法律上他们之间的婚姻关系已经结束。姜恒离婚后所购买的登记在自己名下的房屋属于他的个人财产，而不是与段江雪之间的夫妻共同财产。

本案中，段江雪在已经结婚的情况下与他人发展婚外情，又为了所谓的爱情抛弃家庭，导致姜恒对她的信任烟消云散。在这场闹剧中，段江雪无疑要承担主要责任。而姜恒在结婚后，一心专注于事业，疏于对妻子的关心和爱护，也在无形中推动了夫妻之间的离心。

心理解读

◎男方剖析

姜恒是一个传统的男人，一心为了家庭打拼，但没想到妻子会因为寂寞而出轨，这对他的打击很大。他也是一个善良的人，不想彼此伤害，更不想因为夫妻感情破裂而伤害到孩子。所以他没有大吵大闹，面对前妻的威逼利诱，他坚决不复婚。

女方出轨是女方不道德。但从人性和夫妻情感需求上讲，女方有正常的心理、情感和生活需求，如果这些需求没有从配偶这里得到满足，就会感到空虚和寂寞。因此，对于段江雪的出轨，姜恒也有一定的影响因素。姜恒忽略了妻子是需要陪伴、关心和呵护的。他虽然看起来是疼爱妻子的，但他不了解女方真正的内心需求，也可以理解为他不懂女性的身心需求。可以说，姜恒过于木讷，不懂风情，一心扑在工作上，忽略了给妻子提供情绪价值。他以为给妻子足够的经济条件，让她衣食无忧就可以了。其实，他的想法并非对所有女人都适用。

◎ 女方剖析

段江雪自身条件不错，是很多男性心中的"白玫瑰"。这样的她难免会有傲慢心，喜欢孤芳自赏，内心享受被众多男人追求的快感。所以她在婚后和丈夫分居两地，因为空虚寂寞而移情别恋，出轨他人。情人能给予她呵护、陪伴，满足其精神所需，提供大量的情绪价值，这正对段江雪的"路子"。殊不知，情人只是把她当作泄欲的工具，不是真正的爱人更称不上是灵魂伴侣。她一步步陷入情人的设计中，不仅源于她的傲慢之心，也体现了她在感情方面的不专一以及对家庭和爱人缺乏责任心。

段江雪是十足的利己主义者。这一点，从她知道自己被情人骗后，后悔不已，又想起姜恒的好，然后灰溜溜地求复婚就能体现出来。最后，她复婚成功，又因购房办理所谓的"假离婚"，可是当丈夫知道了她出轨的事情坚决不复婚后，她又倒打一耙，把事情闹上法庭，声称姜恒在婚内出轨、转移财产。

◎ 本案总结

本案中，主要的责任人是女方，她为了追求所谓的"爱情和幸福"而出轨，背弃了对丈夫的承诺。女方打算通过离婚和情人双宿双栖，后来发现情人只是玩弄她的感情，她才想起前夫的好，赶紧和他复婚。女方的所作所为可以看出她是没有原则的人，哪里有好处就靠向哪里，和这样的人结婚风险是无处不在的。并且，让人心寒的是，女方出轨之事被丈夫知道后，其不但没有羞愧的感觉，还一味地纠结财产的归属，甚至给丈夫安上莫须有的"罪名"，将其告上法庭，这显示出她丝毫没有愧疚之心。姜恒作为丈夫，会觉得这些年的感情错付了，不禁让人也替他心寒。

俗话说，人在做天在看。到头来，女方是自作自受，搬起石头砸自己的脚。她以为人生掌控在自己手中，可以肆意而为，但她没有预料到玩火自焚，纸包不住火。

◎ 心灵贴士

夫妻之间，最重要的是善良和忠诚，在乎对方，守护彼此的心意。如果没有这样的感情基础，很难抵挡岁月的洗礼和外界的诱惑。所以，找伴侣人品最重要。江山易改，本性难移，正直、善良的人才会让人踏实有安全感。

夫妻相处的过程中难免会吵架，还会一起经历一些坎坷和磨难，但越是艰难的时候，越能体现个人的品质。

法律链接

《中华人民共和国民法典》

第一千零九十二条 夫妻一方隐藏、转移、变卖、毁损、挥霍夫妻共同财产，或者伪造夫妻共同债务企图侵占另一方财产的，在离婚分割夫妻共同财产时，对该方可以少分或者不分。离婚后，另一方发现有上述行为的，可以向人民法院提起诉讼，请求再次分割夫妻共同财产。

《最高人民法院关于适用〈中华人民共和国民法典〉婚姻家庭编的解释（一）》

第八十三条 离婚后，一方以尚有夫妻共同财产未处理为由向人民法院起诉请求分割的，经审查该财产确属离婚时未涉及的夫妻共同财产，人民法院应当依法予以分割。

第八十四条 当事人依据民法典第一千零九十二条的规定向人民法院提起诉讼，请求再次分割夫妻共同财产的诉讼时效期间为三年，从当事人发现之日起计算。

同居情侣分道扬镳，期间财产如何分配

题 记

男女因同居期间的财产分割或子女抚养问题引发纠纷，先协议解决，协议不成，可向法院起诉。

>> 第五章 婚姻乃人生大事，切莫等闲视之

案情重现

疲惫的一天结束，沈州和郝悦共同回到了两人的小家。郝悦穿了一天高跟鞋，双腿早已酸胀不堪，只想好好地洗个澡，早点上床睡一觉。可就在她准备进浴室时，沈州却突然叫住了她，语气阴沉地开口："你觉得咱们这个婚还有结的必要吗？"

听了他的话，郝悦愣在当场，过了好半天才反应过来他在说什么，立刻反问道："你这是什么意思？"

沈州看起来很烦躁，平时总是带着笑的脸上此时布满了阴云："你不觉得你爸妈硬要遵守的那些繁文缛节很多余吗？我想不明白结个婚为什么要办那么多次仪式，除了能找借口多跟我们家要点礼金以外还有什么用？"

"你怎么能这么想我爸妈？"郝悦难以置信地反问道，"难道我们家没有回礼吗？"

沈州没有回答这个问题，小声嘀咕了一句："反正我本来也没想这么早就跟你结婚。"

郝悦没想到沈州心里竟然是这样的想法，气极反笑："你既然这么说了，反正咱们也还没领证，大不了一拍两散！"说完，郝悦便怒气冲冲地冲进卧室，将自己的行李收拾好，连夜回了父母家。

两年前，通过朋友介绍，沈州与郝悦相识。郝悦容貌清秀脱俗，性格单纯老实，沈州对她一见钟情，主动展开了追求。沈州是一名销售，平时就能说会道，面对郝悦时，他更是使尽了浑身解数，恨不得将全世界的山盟海誓说给郝悦听。为了表示自己的诚意，沈州常常约郝悦出来见面，不是请她吃饭就是送她礼物，十分殷勤。时间一长，周围的人都知道沈州在追求郝悦，在朋友们的撮合和沈州的不懈追求下，郝悦终于被他打动，两人正式成为男女朋友。

沈州久经情场，而郝悦却单纯懵懂，在两人的恋爱关系中，一直是沈州占据着主导地位。两人都不是本地人，需要租房居住。恋爱没多久，沈州便以节省房租为由，邀请郝悦与他合租。郝悦当时刚工作不久，手头确实不宽

裕，便同意了沈州的提议。两人搬到一起以后，沈州又借机提出，反正他们是恋人关系，不如索性住到一个房间，还能省点开空调的电费。在沈州的花言巧语下，郝悦一步步地走入他编织的美梦中，搬进了他的房间，两人有了实质性关系。

不知不觉，时间过去了一年多。这一年多来，郝悦与沈州有过激情，也有过争吵，但感情一直比较稳定。郝悦的家庭比较传统，受家庭的影响，她的思想也比较守旧。在与沈州同居的一年多时间里，郝悦早已经将他当成了自己未来的丈夫。如今时机成熟，她便向沈州提出了结婚的想法。

可沈州却与郝悦截然不同，他还没有享受够恋爱的自由与甜蜜，根本不想被婚姻束缚。在郝悦的百般催促下，沈州意识到郝悦对这段感情是十分认真的。他不想就此分手，只好同意结婚。

婚事定下来以后，最重要的事情就是购买婚房，让小两口有个温馨的小家。沈州与郝悦用工作几年的存款加上双方父母的资助，在本地付首付贷款买了一套二手房，并在房产证上登记了沈州的名字。两家人约定，这套房就是两人的婚房，属于他们的共同财产，婚后由两人一起还房贷。

买完婚房，沈州与郝悦开始着手准备婚礼。在这个时候，郝悦的父母提出，他们当地十分注重礼法规矩，强烈要求一切的婚礼程序都按照当地的习俗进行。根据郝悦父母的安排，沈州和他的父母先要去提亲，再举办订婚仪式。订婚仪式结束后一段时间，两人才能举办正式的婚礼。婚礼办完并不意味着结束，还要再办一场答谢宴会。每个礼节，沈州和父母都要给郝悦一些礼金和彩礼，而郝悦也会相应地回礼。虽然这些钱金额并不太多，但过于烦琐的程序还是让原本就勉强结婚的沈州心中越发不满。

终于，沈州与郝悦之间因结婚程序过于烦琐爆发了争吵。沈州觉得郝悦父母小题大做，郝悦觉得沈州没有诚意。郝悦一气之下回了父母家，而沈州也越想越不明白自己为什么要这么早结婚，两人一拍两散，正式分手。

虽然分了手，可两人之间的矛盾却还没有结束。各种礼金、回礼怎么处理，共同购买的房屋怎么分割，都是亟须解决的大问题。双方的家庭谈判了多次，才最终确定了解决方案。沈州给郝悦的礼金，郝悦给沈州的回礼，二者相抵，多退少补，金钱上两不相欠。至于房子，沈州将来要继续在当地发展，想要房子的所有权。房屋购买以后有一部分增值，双方商量以后，决定按照市价减去银行贷款的剩余价值，沈州向郝悦支付一半。最终，两人约定，由沈州向郝悦支付50万元补偿款，两年支付完成。如果沈州未按期支付，需要承担违约责任，额外支付违约金，沈州的父母对此承担连带责任。达成共识后，双方家庭共同签订了协议，沈州与郝悦彻底分道扬镳。

律师解答

在现代社会中，男女之间情到浓时共同居住、一起生活已经是屡见不鲜的事情。尤其是对于准备步入婚姻的情侣来说，婚前的同居生活能够让双方适应各自的生活习惯，从而为未来的婚姻生活打下一定的基础。但是，情侣同居在大多数情况下会伴随财产的纠葛，甚至有时还会有子女抚养的纠纷。当同居情侣分手后，由于双方并不存在合法有效的婚姻关系，在解决这些矛盾时便会面临比离婚更为麻烦的困境。

根据《最高人民法院关于适用〈中华人民共和国民法典〉婚姻家庭编的解释（一）》第三条的规定，如果同居情侣单纯因分手要解除同居关系，无须向法院提起诉讼，法院也不会受理相关的诉讼请求。但是，如果同居情侣因同居期间的财产或子女问题引发纠纷，而无法达成协议，可以向法院起诉，由法院判决。同时，《最高人民法院关于适用〈中华人民共和国民法典〉婚姻家庭编的解释（二）》第四条规定："双方均无配偶的同居关系析产纠纷案件中，对同居期间所得的财产，有约定的，按照约定处理；没有约定且协商不成的，人民法院按照以下情形分别处理：（一）各自所得的工资、奖金、劳务报酬、知识产权收益，各自继承或者受赠的财产以及单独生产、经营、投资的收益等，归各自所有；（二）共同出资购置的财产或者共同生产、经营、投资的收益以及其他无法区分的财产，以各自出资比例为基础，综合考虑共同生活情况、有无共同子女、对财产的贡献大小等因素进行分割。"

在本案中，沈州与郝悦在同居期间共同购置一套房屋作为婚房。该房屋属于两人的共同财产。分手时，两人可以对该房屋的归属进行协商，确定分割方案。如果协商不成，沈州和郝悦可以向法院起诉，由法院依据法律和事实进行相应的判决。

男女之间能从恋人关系走向夫妻关系实属不易，无论是哪方都应当珍惜和正视这段情缘。交往时，男女任何一方都应对对方敞开心扉、坦诚相待。如果一方像沈州那样不想结婚，要表达出来，不要隐瞒，更不能勉强接受对方的结婚要求。否则，对人、对己都是不负责任的表现，并且，还会产生一系列后续的财产纠葛。

心理解读

◎男方剖析

沈州是比较自我的人。他想让郝悦陪伴自己，享受两个人的温馨生活，但他不想真正和她成为一家人。从他们本来计划结婚，中间发生了一系列的事情，最终导致两个人分开，可以看出沈州并不是很在意郝悦。他既想通过同居生活满足生理需求，又想通过不结婚来逃避夫妻之间的法定义务。

郝悦的需求和沈州不一样。她传统，需要稳定的婚姻、确定的未来，但沈州还没有准备好组建一个稳定的家庭，步入人生的下一步。他们对未来的节奏和期待不一样，在人生的十字路口，他们最终无法继续走下去。并且，沈州的内心是不稳定的，他觉得婚姻是一种约束，自己还需要更多的自由，获得更多的空间，释放更多的任性，他想体验更多不一样的生活方式。

◎女方剖析

郝悦感情经历很少，是比较单纯的人。她和沈州同居了一段时间后，认定彼此已专属于对方。但她并不懂沈州的心思，她不知道，沈州并不是特别在意她，只是觉得她单纯、好把控，想把她留在身边做女朋友。

郝悦受原生家庭的影响，思想比较传统，是一个比较沉稳的人。郝悦的传统思维也显示出她的稳定度和很强的配得感。她会觉得如果两个人感情稳定，那拥有一个完整的家庭是很有必要的。她的观点是拥有了稳定的家庭，家和万事兴，那么彼此之间凝聚在一起，相亲相爱，一切就会顺遂、美满。

>> 第五章　婚姻乃人生大事，切莫等闲视之

◎ **本案总结**

经营一段感情是非常不容易的，既要从双方过去的经历中去了解彼此，又要通过相处、磨合更深地读懂彼此，互相融合在一起。在选择伴侣的时候需要多点交流，多点相处，除了付出爱与关怀以外，也要多接触伴侣的家人以及其身边的重要人际关系。在这个过程中要多点观察和思考，以确定彼此是不是合适。

本案中，虽然女方的这段经历让她伤心失望，但两个人没有走到结婚或许也是好事。不然，她贸然结婚甚至生儿育女，最终才发现男方根本不适合托付终身，还是会走向离婚，那样的话，她付出的代价更大。不适合的关系，早点认清、决断，才可以及时止损。相信通过这一次感情经历，女方会从中得到启发，在下一次寻找伴侣的时候会更加谨慎。

◎ **心灵贴士**

在寻找合适的伴侣的路上，没有捷径，只有通过与人建立关系，才能不断取得经验。同时，也没有一劳永逸的关系，所有关系都需要用心经营和维护，共同成长才能保持感情的品质和温度。当一段感情褪去了新鲜感，慢慢地就会从激情、爱情转化为彼此依赖的亲情。融合了爱、包容、责任的感情才能走向生命下一个阶段，最终走向相濡以沫的相守。

法律链接

《最高人民法院关于适用〈中华人民共和国民法典〉婚姻家庭编的解释（一）》

第三条　……

当事人因同居期间财产分割或者子女抚养纠纷提起诉讼的，人民法院应当受理。

《最高人民法院关于适用〈中华人民共和国民法典〉婚姻家庭编的解释（二）》

第四条　双方均无配偶的同居关系析产纠纷案件中，对同居期间所得的财产，有约定的，按照约定处理；没有约定且协商不成的，人民法院按照以

下情形分别处理：

（一）各自所得的工资、奖金、劳务报酬、知识产权收益，各自继承或者受赠的财产以及单独生产、经营、投资的收益等，归各自所有；

（二）共同出资购置的财产或者共同生产、经营、投资的收益以及其他无法区分的财产，以各自出资比例为基础，综合考虑共同生活情况、有无共同子女、对财产的贡献大小等因素进行分割。

夫妻安稳感情长，需得携手共奋进

题 记

离婚协议中未谈及损害赔偿的，办理离婚后，无过错方仍可起诉要求损害赔偿。

案情重现

熙熙攘攘的机场内，翟运生终于见到了分离许久的妻子郭眉。几个月不见，郭眉变得更加自信大方了。翟运生看着面前神色自若的妻子，想到自己刚知道的消息，心中很是复杂。

到家以后，送走了来迎接郭眉的双方父母，家中只剩下了夫妻两人。翟运生眉头紧皱，拿出了手机中的聊天记录，开口质问道："有人和我说你在英国出轨了，是真的吗？"

郭眉听他这么说，虽然有些意外，却并不惊慌。她看了看聊天记录，十分痛快地承认道："是的，我确实对不起你。事至此，你看你是想离婚还是继续过，我都能接受。要是离婚的话，咱们就找个时间商量一下财产和孩子的问题。"

翟运生没想到郭眉会是这样的反应,一时间愣在当场。虽然他确实因为郭眉出轨的事情感到很生气,但从没想过要离婚。翟运生这时才发现,妻子好像早已和他渐行渐远了,变成了他越来越不了解的样子。

八年前,翟运生和郭眉还是在同一个大学读书的同学。郭眉当时是学生会外联部的干部,在一次宣传活动中,翟运生见到了她,并被她那自信大方的气质与漂亮出众的外貌吸引。这次活动后,翟运生便经常在校园里制造与郭眉的"偶遇",并想办法要来了她的联系方式,正式对她展开了追求。翟运生的各方面条件虽然不出众,但为人真诚善良,在他锲而不舍的追求下,郭眉终于被他感动,同意当他的女朋友。

可当两人正式确立恋爱关系后,翟运生却逐渐不像从前那样浪漫了,而是变得古板木讷、毫无生趣。郭眉对他的转变提出过抗议,但翟运生说,日子是自己过的,浪漫这种花里胡哨的东西都是给别人看的,要是天天搞点惊喜、送点鲜花,那该有多累啊。因为翟运生的不解风情,郭眉没少和他闹别扭,有时吵架吵得严重了,还会闹分手。恋爱两年多,两人分分合合好几次,可最终兜兜转转,还是觉得对方最好,大学毕业后没多久就领证结了婚。

结婚以后,郭眉通过了本地一所大学的考试,成为该学校的老师。由于工作需要,她始终没有停下学习的脚步,不仅会时刻掌握本专业知识的最新动向,还会了解其他相关专业的内容。此外,她的爱好也十分广泛,喜欢和朋友们聚会、外出旅游,闲暇时间还会去健身房运动。而翟运生则与郭眉完全相反,是个彻彻底底的"躺平派"。除了工作时间以外,他几乎全在家里宅着,不是睡觉就是打游戏,既不和人社交,也不学习提升自己。郭眉曾劝他发展一些别的兴趣爱好,或是考几个证,但翟运生觉得自己家里经济条件过得去,有房有车,虽然需要养孩子,但两人的工资足够一家三口的日常花销了,没有必要劳心劳力地拼搏,再加上他父母就他一个儿子,将来父母的钱都是他的。从这时起,夫妻两人的思想观念产生了冲突,谁也说服不了谁,每次讨论这个话题,最终的结果都是不欢而散。

工作几年后,郭眉发觉自己仍然有很多不足,于是决定通过进一步深造来提升自己。经过一番查询比对，她发现英国某大学开设的她所学的专业非常有竞争力。于是，郭眉毅然决然地辞掉了自己现在的工作，申请了该大学的研究生。经过不懈努力，她顺利被该大学录取，并准备动身前往英国继续深造。

翟运生作为丈夫，自然愿意看见郭眉积极进取。他让郭眉放心去上学，承诺自己会好好照顾两人的孩子。郭眉来到英国后，所见所感都与国内完全不同，这次的出国留学经历让她大大丰富了视野。在英国，她不仅认识了很多新朋友，还认识了一个让她心动的男人——穆朋。

穆朋同样是从中国到英国留学的学生，更巧的是，他与郭眉来自同一个城市。两人一见面，不仅有着老乡之间天然的亲切感，还有共同的目标和话题，很快便熟悉了起来。自从与穆朋相识以后，郭眉才真正体会到了什么叫作志同道合。在日常的交往中，郭眉与穆朋很快就擦出了爱情的火花，她重新找回了爱与被爱的感觉，最终未坚守住底线，与穆朋展开了热恋。随着关系的发展，两人在学校附近租了房子，开始像普通恋人一样同居。

纸包不住火，郭眉与穆朋之间的事最终被他人察觉。穆朋有个前女友名叫凌曼。出国前，穆朋觉得两人相距太远，变数太大，最终决定与凌曼分手。但凌曼心中仍然对穆朋有所留恋，一直悄悄地关注着他的朋友圈。从穆朋平时分享的生活照片中，凌曼很快就发现穆朋有了新的女友，而这名新女友竟然正巧是她认识的人！

无巧不成书，翟运生与凌曼曾是高中同学，他与郭眉举办婚礼时还邀请了凌曼来参加。于是，凌曼将郭眉出轨的事情告诉了翟运生。刚听到这个消息，翟运生还以为凌曼在和他开玩笑，但凌曼发给他的朋友圈截图却让他不得不接受了这个事实。再过半个月，郭眉就要放假回国了，翟运生决心到时候问个清楚。

令他没想到的是，郭眉竟然毫不逃避，直接承认了出轨的事情。翟运生一时间六神无主，将这件事告诉了父母。父母对翟运生自小娇生惯养，视如掌上明珠，容不得儿子受一点点委屈，如今听闻儿媳出轨，简直是奇耻大辱。父母大骂郭眉不知廉耻，勒令翟运生立刻离婚。翟运生向来听父母的话，既然二老这样说,他便下定决心与郭眉离婚。两人经过协商,最终决定孩子由翟运生直接抚养,郭眉无须向孩子支付抚养费,两人各自的财产归各自所有,各自的债务自行承担。

律师解答

当夫妻一方存在《民法典》第一千零九十一条规定的重婚、与他人同居、实施家庭暴力、虐待、遗弃家庭成员、有其他重大过错的情形之一,并因此而导致离婚的,无过错的一方有要求损害赔偿的权利。无过错方所享有的这项损害赔偿请求权并不以诉讼离婚为必要条件,也就是说,如果夫妻双方采取协议离婚的方式前往婚姻登记机关办理离婚登记手续,无过错方同样有权另行向法院提起诉讼,要求过错方承担损害赔偿责任。

需要注意的是,根据《最高人民法院关于适用〈中华人民共和国民法典〉婚姻家庭编的解释(一)》第八十九条的规定,如果当事人在协议离婚时,有明确放弃损害赔偿请求权的意思表示,例如在离婚协议书中声明等,此时,应视为无过错方放弃了该项损害赔偿请求权,再向法院起诉的话,不能得到支持。

在本案中,郭眉与他人发展出婚外恋情,甚至与他人同居,符合《民法典》第一千零九十一条第二项的规定,属于法律规定的过错方。离婚时,翟运生作为无过错方,有要求郭眉承担离婚损害赔偿的权利。虽然两人在离婚协议中并未谈及这一事项,但这并不代表翟运生放弃了离婚损害赔偿请求权。两人办理离婚登记手续后,如果翟运生想要求离婚损害赔偿,依然可以向法院提起相应诉讼。需要注意的是,离婚损害赔偿请求权诉讼时效的限制,应当在离婚后三年内提出。

结婚以后,要想长久地维持夫妻感情的稳定与新鲜感,需要夫妻两人齐头并进,始终保持共同的进步目标与话题。如果一方奋发向上,而另一方始终在原地踏步,这样的婚姻早晚会出现裂痕。本案中,郭眉在婚后一直不断提升自己,而翟运生却始终停滞不前,这必然会让两人之间的差距越来越大,分开是迟早的事。

心理解读

◎ **男方剖析**

瞿运生的成长经历太平顺，没有受过什么挫折，从小过着衣来伸手、饭来张口的生活，碰到问题都是由父母搞定。让他以为自己的条件很好，一辈子不愁，无须努力，不思进取、坐享其成。但他这种"躺平"的状态不是郭眉想要的。

瞿运生生命状态形成的原因除了他本身的性格以外，还有一个关键因素是他父母从小对他的"溺爱"。溺爱是指孩子从小被抚养人过分保护，不让其承受一点挫折，无论是物质上还是精神上都给予过度的呵护。抚养人给予孩子溺爱是源于他们自己的心理需求，他们觉得这样做是给孩子最好的爱，但不知道自己对爱的认知是不健全的。每一个孩子都是需要经历跌宕起伏和挫折才能真正成长。对孩子溺爱只会让孩子像温室里的花朵，没有坚韧不拔的内心，缺乏与世界独立抗衡的能力。

◎ **女方剖析**

郭眉是一个有进取心、好奇心，勤奋好学的人。她通过不断学习和努力赢得了更多的发展机会。她与瞿运生品性、思维方式很不一样，根本不同频，这让他们越走越远。

对于郭眉来讲，丈夫不能给她提供情绪价值，不能进行思想沟通，也不能理解她的内心。在她遇到思维方式一致、志同道合的穆朋以后，两人便慢慢地从好朋友发展成为亲密关系。郭眉比丈夫更清楚自己想要的，只是她结婚前还不够成熟沉稳，冲动结婚，导致她与瞿运生的婚姻走向末路。

◎ **本案总结**

婚姻是需要慎重的终身大事，要经历深入相处，确认彼此的思维、对未来的期待都是相同的，才能走到结婚这一步。有时候我们为了满足家人和社会的期待，还没有深入了解，就迫不及待找个表面上看起来还不错的人结婚。这是对彼此不负责任的行为。本案中，男方和女方的婚姻从一开始就是不合适的。他们的世界观、人生观、价值观不同，相处越久，就越发明显。他们

>> 第五章 婚姻乃人生大事，切莫等闲视之

都无法理解对方的心理状态。男方认为已经拥有了拥有的舒适生活，不必再辛苦奋斗。女方认为人生如逆水行舟，不进则退。这样的两人，在人生的道路上分道扬镳、渐行渐远，并不稀奇。

◎心灵贴士

经营婚姻，不是简单地买套房、有钱花，更不是结婚了就万事大吉了，夫妻还要相互提供精神和情绪价值。并且，夫妻间要有类似的三观，才会有更多的共同语言，彼此才有更多的流动和默契。

让婚姻保鲜的秘诀是培养共同的兴趣爱好，营造更多的话题，创造更多的互动。只有拥有共同成长的过程，有了更多人生体验的亲密关系才能让感情更有深度。

法律链接

《中华人民共和国民法典》

第一千零九十一条　有下列情形之一，导致离婚的，无过错方有权请求损害赔偿：

（一）重婚；

（二）与他人同居；

（三）实施家庭暴力；

（四）虐待、遗弃家庭成员；

（五）有其他重大过错。

《最高人民法院关于适用〈中华人民共和国民法典〉婚姻家庭编的解释（一）》

第八十九条　当事人在婚姻登记机关办理离婚登记手续后，以民法典第一千零九十一条规定为由向人民法院提出损害赔偿请求的，人民法院应当受理。但当事人在协议离婚时已经明确表示放弃该项请求的，人民法院不予支持。

生命可贵又有限，莫耗于无望之情

> **题 记**
>
> 夫妻之间应互相尊重与关爱，无感情的夫妻尽早离婚或许是对双方最大的尊重。

案情重现

"滴滴"两声，手机的提示音响起，朱琴拿起手机一看，发现是丈夫张肃发来的消息。朱琴与张肃已经分居很久了，在分居期间，两人从来没见过面，有什么话都是在微信上说。对于这段名存实亡的婚姻，朱琴早已不抱有任何期望和幻想，觉得如果能够早点离婚，对她和张肃都是一种解脱。

这段时间，两人一直在反复修改离婚协议中财产分割的内容，每次发消息都和这件事有关。果不其然，张肃的这条消息也是在说离婚协议的事情："我已经在民政局进行了，还剩一周时间了。你要是还想和我协商，最好抓紧点时间。如果你想向法院诉讼，我也随时奉陪！"

看着这段消息，朱琴已经想象到了张肃那不耐烦的语气，虽然早已习惯，但是心中仍然浮现出一丝难过。不管怎样，他们两人也已经结婚多年，但直到要离婚，张肃都没有考虑一点夫妻情分。想到这里，朱琴只能深深地叹了一口气。

三十多年前，高中毕业的朱琴被安排进工厂成为一名普通工人。在一次午休中，她听说厂里最近来了一名工程师，名叫张肃，是个高才生，年轻有为。朱琴虽然从小学习不算好，却一直很崇拜那些头脑聪明、擅长读书的人。

>> 第五章 婚姻乃人生大事，切莫等闲视之

她约了自己的小姐妹，在下班时悄悄来到工厂大门口，看到了下班回家的张肃。

一见到张肃，朱琴的心中顿时小鹿乱撞。他长得挺拔俊秀，看起来斯斯文文，完全符合她心中对读书人的想象。经过几番打听后，朱琴得知张肃勤奋刻苦、上进心强，刚来没多久就得到了领导的重用。她心中对张肃很是喜欢，为了能够认识张肃，她放下了女性的矜持，主动托人将她介绍给张肃。

与张肃实际接触后，朱琴对他更满意了。可反观张肃，对朱琴却不太热情。他自诩是个知识分子，更想和自己志同道合的女性交往。朱琴虽然长得漂亮，但学历并不高，不完全符合张肃的择偶标准。张肃是只身一人在此打拼，急于在这个城市落脚。单位虽然会给职工分配住房，但前提是职工必须已婚。为了得到单位分配的住房，尽管张肃对朱琴并不满意，仍然和她确定了恋爱关系。

两人恋爱后没多久，就领证结了婚。朱琴怀揣着对美好生活的向往，而张肃所感觉到的只有为了分配住房而结婚的不甘与挫败。他们明明是夫妻，心中的情感却并不对等，这样的婚姻从结婚那天起就埋下分手的种子。虽然朱琴很努力地经营着与张肃的小家，但她和张肃的兴趣爱好完全不相同，平时也没什么共同语言。张肃喜欢看新闻、纪录片，工作之余常常学习补课充实自己。而朱琴却喜欢看一些浪漫的爱情剧，休息时喜欢逛街、与朋友聚会来打发时间。张肃虽然嘴上没说，但心里一直有些瞧不起朱琴，认为她思想没有深度，根本配不上自己。

朱琴并不是木头，自然能感觉到丈夫对自己态度冷淡。直到两人的孩子出生，张肃的态度都没有转变，甚至对她越来越不耐烦。朱琴对这场婚姻的热情在这样的日子中逐渐被消磨殆尽，开始思考继续维持婚姻是不是正确的选择。在孩子7岁那年，朱琴终于鼓起勇气，向张肃提出了离婚。她的母亲知道这件事后，苦口婆心地劝她再考虑考虑。朱琴思考了几天，觉得母亲的话有理。毕竟现在孩子还小，一旦离婚就会让孩子失去完整的家庭，这必然会给孩子的心理造成创伤。想到这里，朱琴只能暂时打消了离婚的念头。

几年后，孩子逐渐长大，可此时朱琴的母亲又生病了。在这样的关头，

朱琴不忍心拿离婚的事情来刺激她，只能再次将离婚的想法搁置在一旁。就这样拖着，孩子迎来了高考。好不容易等到孩子大学毕业，又面临孩子成家立业的问题。朱琴帮着将孙子带到了上幼儿园的年龄，辛劳了多年的她终于清闲了下来。

虽然已经年过半百，但离婚的念头始终在朱琴与张肃心头打转。两人凑合着过了几十年，事到如今，朱琴再也无法忍受张肃的傲慢，张肃也看不下去朱琴的世俗，两人决定分居。即使已经分居，张肃也从来没有想过朱琴的好，从未念及夫妻情分。如非必要，他绝不会主动和朱琴联系，即使联系，态度也十分冷漠。在他的刺激下，朱琴终于下定决心，向法院提起了离婚诉讼。

在法庭上，朱琴情难自已，在法官面前讲出了自己几十年来在婚姻中受到的委屈，指责张肃居高临下，从来没把她当成妻子尊重过，她无法再继续维持这段婚姻。而张肃对此也并未多加辩解，而是同意离婚。最终，在法官的调解下，两人最终决定和平离婚，并平均分割了夫妻共同财产。

律师解答

夫妻想要离婚，主要可以采取两种方式：第一种是前往婚姻登记机关办理离婚登记手续，第二种是向法院提起离婚诉讼。一般来说，如果夫妻双方都同意离婚，且能够在离婚时达成离婚协议，对夫妻共同财产的分割以及子女的抚养问题没有异议，一般采取登记离婚的方式。如果夫或妻一方不想离婚，或虽然双方均同意离婚，但对财产分割与子女抚养问题无法达成一致，可以先请有关组织，如当事人所在单位、基层调解组织等对双方的矛盾进行调解，如果调解成功，当事人可以根据调解结果确定离婚协议，办理离婚登记。如果调解不成，当事人可以向法院提起离婚诉讼。但是，由有关组织进行调解并不是必须履行的前置程序，当事人不想调解的，也可以直接向法院提起诉讼。

《民法典》更倾向于采用调解的方式来解决离婚当事人的矛盾，规定如果当事人向法院提起离婚诉讼，法院应当先对当事人进行调解，如果调解不成再进一步审理。之所以这样规定，有以下几方面的考量：第一，调解的流程

>> 第五章 婚姻乃人生大事，切莫等闲视之

更快，不仅可以快速解决当事人之间的纠纷，还可以减轻司法机关的压力；第二，当事人情绪过于激动时，调解可以缓解其激动的情绪，对于那些感情确已破裂的当事人来说，可以更为平和地解决其纠纷，而对于那些感情尚未完全破裂的当事人来说，则可以挽救其婚姻；第三，在调解下，双方当事人达成的调解协议建立在双方自愿的基础上，当事人履行调解协议的意愿更强。如果夫妻经过调解离婚，根据《民法典》第一千零八十条的规定，调解书生效后，即代表当事人之间的婚姻关系解除，无须再前往婚姻登记机关办理离婚登记手续。

在本案中，朱琴与张肃两人都同意离婚，子女也已经成年，只有财产分割问题尚未达成一致意见。当朱琴向法院提起离婚诉讼后，法官在审理两人的离婚案件时，应当依法先对两人进行调解。朱琴与张肃之间的矛盾其实更在于情感上的纠葛，通过调解的方式来处理两人之间的离婚纠纷更有利于解开两人的心结，以更为和平的方式解决问题。当调解书生效后，朱琴与张肃之间的婚姻关系即解除。

婚姻本应是神圣、有爱的，在缔结婚姻时，男女双方应当遵从自己的本心，完全出于自愿，这样才能最大限度保证婚后的生活是幸福的。本案中，朱琴全心全意地喜欢张肃，张肃对朱琴却并没有那么深的感情，这也导致婚后两人的感情和付出完全不对等，从而使张肃"居高临下"、朱琴"委曲求全"。婚姻并不是简单的两人搭伙过日子，而是要互相提供情绪价值，让对方能够感受到来自家庭的爱。除了这一点，婚后两人的兴趣爱好与生活习惯也有很大的不同，却并没有想办法互相习惯、让步，导致生活中的矛盾越来越突出。无论是朱琴还是张肃，都没能在婚后与对方成功磨合，这也注定了两人的婚姻势必会走向失败。

心理解读

◎ **男方剖析**

张肃文化水平高，有些自私，不爱主动。他认识了朱琴后，觉得她学历低，配不上自己，但又没有明确拒绝她的追求，并且因为能分到住房，心有

不甘地选择了和她结婚。可以说，张肃是一个很被动的人，无论是恋爱、结婚、离婚，他在情感里都是被命运和他人推着往前走。在感情的世界里他有想法，但没有行动力，不愿意主动争取自己的爱情。他知道自己喜欢什么类型的女性，但他没有主动找和自己契合的人过一生，而是得过且过，选择和朱琴在一起。

这样在感情里被动的人，他的精神生活也会受限，很难有充满激情的时候。他也不懂得什么是幸福，不知道如何争取、创造幸福的婚姻。所以他能一直待在一段无爱的婚姻里，过着麻木不仁的生活。他既不想积极改善和妻子的夫妻关系，启发她成长，带领她进步，也不想大胆走出婚姻，追求幸福。

张肃内心傲慢、个性固执。因为他看不上朱琴，也没有关心过她，只会嫌弃她世俗、不够高雅，鄙视她文化水平低。在这段感情中，张肃是自我的，他对妻子没有多少感情，更谈不上爱情，却一直享受她的付出和奉献。并且，他不断地对妻子实施冷暴力，实则是将他内心对爱情的失落转为投射到对妻子的不满和人格的贬低上。这些都充分显示出他的狭隘和傲慢。

◎ **女方剖析**

朱琴是一个敢爱敢恨的人。她对于喜欢的人，尽自己的努力，爱过、拥有过，就没有遗憾。

一开始，朱琴对张肃欣赏、仰慕，所以主动靠近，就想和他结为夫妻。但张肃不喜欢朱琴，他想和有学识有才华的女性在一起，后来因为朱琴长相漂亮，再加上单位分房需要以结婚为条件，才不得不和她结婚。从始至终，他们都没有多少感情基础，也没有多少共同语言，只凭朱琴一个人努力维系，这样的关系久了肯定是走不下去的。

朱琴虽然对张肃有很深的感情，但她也有自己的思想，她知道丈夫嫌弃自己文化不高，两人没有共同语言，所以她开始想离婚，在思想上和精神上放彼此一条活路。后来在家人劝说下，她考虑到孩子还小，就暂时不分开。她等到孩子长大成人结了婚，没有后顾之忧，才提出离婚。可以说，最终她没有委屈自己迁就张肃一辈子，为了家庭的平衡，她选择好聚好散，成全每个人的心愿，让每个人都能回归适合自己的生活方式。

◎ **本案总结**

以前无法理解"门当户对"这个词，现在明白，其实是同频共振、两厢欣赏。如果彼此没有共同语言，那就没法长久相处。俗语说："酒逢知己千杯少，话不投机半句多。"遇到同频的人，一个眼神、一句话就能读懂彼此，不说话也会觉得很舒服。遇到不和谐的人，待在一个房间都会觉得别扭。本案中，女方一开始不明白"强扭的瓜不甜"，一直努力维系她与男方的婚姻关系。而男方对女方没有感情，却把她留在自己身边，对她实施冷暴力。人是有感情的生物，如此没有流动的婚姻最终都会让人从失望走到绝望，所以最终女方还是离开了男方，走向新生活。

◎ **心灵贴士**

感情是最无法勉强的，如果一开始就不是基于互相欣赏、喜欢、无话不谈，那又怎能期待长久地走下去呢？所以，我们无论多喜欢一个人，都不能陷入"恋爱脑"，要尽量客观地去观察彼此的各方面是不是默契、和谐，只有久处不累的感情才适合步入婚姻。

法律链接

《中华人民共和国民法典》

第一千零七十九条 夫妻一方要求离婚的，可以由有关组织进行调解或者直接向人民法院提起离婚诉讼。

人民法院审理离婚案件，应当进行调解；如果感情确已破裂，调解无效的，应当准予离婚。

……

第一千零八十条 完成离婚登记，或者离婚判决书、调解书生效，即解除婚姻关系。

图书在版编目（CIP）数据

破茧：家事律师和心理咨询师教您解决婚姻难题 / 李实忠，梁敏娜著. -- 北京：中国法治出版社，2025.8. -- ISBN 978-7-5216-5427-1

Ⅰ. D923.904；C913.1

中国国家版本馆 CIP 数据核字第 2025QU8385 号

责任编辑　朱自文　　　　　　　　　　　　　　　封面设计　李　宁

破茧：家事律师和心理咨询师教您解决婚姻难题
POJIAN：JIASHI LÜSHI HE XINLI ZIXUNSHI JIAONIN JIEJUE HUNYIN NANTI

著者/李实忠，梁敏娜
经销/新华书店
印刷/三河市紫恒印装有限公司
开本/710 毫米×1000 毫米　16 开　　　　　印张/ 13　字数/ 145 千
版次/2025 年 8 月第 1 版　　　　　　　　　2025 年 8 月第 1 次印刷

中国法治出版社出版
书号 ISBN 978-7-5216-5427-1　　　　　　　　　　　　　　定价：48.00 元

北京市西城区西便门西里甲 16 号西便门办公区
邮政编码：100053　　　　　　　　　　　　　　传真：010-63141600
网址：https://www.zgfzs.com　　　　　　　　　编辑部电话：010-63141836
市场营销部电话：010-63141612　　　　　　　　印务部电话：010-63141606

（如有印装质量问题，请与本社印务部联系。）